ちくま新書

論語力

齋藤 孝
Saito Takashi

906

論語力【目次】

はじめに

本書は『論語』を、現代に生かすよう読みなおしてみる試みのひとつです。

『論語』は、いまから約二千五百年ほど前の中国の人物、孔子の言行を記した書物です。西洋でいえば『聖書』に匹敵する影響を持った東洋の大古典です。中国や日本の知識人はみなこの本を読みましたし、直接『論語』を読んだことのない現代日本人のあいだにあっても、その精神は深いところで息づいています。

ただ、実際に『論語』を読んでみようと思うと、そこには少しハードルがあると思います。ひとつには、『論語』自体の文章が、すでに読みにくいものになってしまっていること。もちろん、もとは古代の中国語ですから、多くの日本人にはそのままは読めません。それをなんとか日本語で読もうと工夫して、訓読という方法が生まれました。「子曰学而時習之不亦説乎」というのを「子、曰《のたま》はく、学びて時にこれを習う、また説《よろこ》ばしからずや」と読むわけです。かつてはこれでだいたい意味がわかったのです。あるいは、意味がわからなくてもそれをそのまま覚えてしまう。そうしていくうちにまずは『論語』の文が身体にしみ込んでいく、そういう教育がありました。

けれども、いまはそういう教育もしないですし、書き下し文だけを読んで意味がすっとつかめるまでに漢文力がある人も少ない。というわけで、まずは原文や書き下し文を見ることなく、「現代語訳」だけで読める『論語』があるといいな、と思い、『現代語訳 論語』（ちくま新書）という本を出しました。

ただ、これで現代語としてすっと読めるようになったとは言っても、『論語』という本は一回ざっと眺めてみただけでは、なかなかそのおもしろさがつかみにくいということもたしかです。

まとまったストーリーがあるわけでもなく、テーマごとに編集されているわけでもありません。非常に断片的な言葉ややりとりが、五百ほど、いかにも無造作に収められているだけのように見えます。

実は、何度も何度も読み返していくと、その言葉が身体になじんでくるにしたがって、この一見バラバラな断片から、生き生きと「論語の世界」が浮きあがってきて、それはとても気持ちがよいものなのですが、そこまでいかないうちに、「なんだか退屈だなあ」となってしまう危険性も大いにあります。それではあまりにももったいない。

そこで、『論語』を読んでいく上で、「こういうところに注目して読んでいくとおもしろいのではないか」というポイントを紹介するつもりで書いたのがこの本です。

構成は、『論語』の「生き生きとした感じ」を追体験できるように、と考えて主題を選びました。関連する語句もなるべく多く紹介したつもりですが、この本はあくまでも入口であって、あとは実際に、何度でも読者の方自身で『論語』自体の世界に入っていっていただければ、と思います。

タイトルは、『論語力』にしました。これは、『論語』が非常にダイナミックな本だ、ということを伝えたかったからです。『論語』の中からわき出てくる力を感じ、それを読者の方々が自分の生き方に、まわりの環境に生かしてくれることを願っています。

『論語』については、たくさんの本が出ています。この本の読み方も、いままでの多くの『論語』本に多くを負っています。書名をことごとく挙げることはできませんが、先人に感謝します。

なお、本書での『論語』の引用箇所表記は、拙訳『現代語訳　論語』での区切りにしたがっています。

序章　つながる力

†つなげて読む

『論語』は、一見、脈絡もない言葉やエピソードが、バラバラに収められているだけの本に思えます。

形式的にはたしかにそうなのですが、けれども、この本を何度も読み返していると、意外なことにそこに強く感じるのは「つながり」です。『論語』のあちこちの言葉が、実はそれぞれ深く関連している。この「つながり方」を実感するのが、『論語』を読むコツのひとつです。

たとえば、孔子が言っている徳目というもの、それには〈仁〉だとか〈義〉だとか〈勇〉といったものがあるわけですが、そういうものはバラバラに成立しているわけではありません。

だから、義とは何か、勇とは何か、というふうにそれぞれを孤立させて考えるよりも、それらがどういう関連性を持ってつながっているかを考えていくと、ぐっと広くて深い世界が見えてきます。

孔子自身の言葉で言えば、「徳は孤《こ》ならず。必ず鄰《となり》あり」(里仁第四・25)です。

私はこれを「いろいろな〈徳〉は、ばらばらに孤立してはいない。必ず隣り合わせで、一つを身につければ隣の徳もついてくる」と訳しました。

ひとつのものが身についてくると、ほかのものもそれにしたがってついてくる、という考え方です。逆に言えば、徳というのは、ほかとセットになって育まれるようなそういう身につけ方をしないとダメだ、ということです。

現代人の考えで言うと、ひとつだけを突出して目立つ徳を持つのはとてもいいことのように思えるかもしれません。でもそれは、実は好ましいことではない。そこには、「バランス」が欠けているからです。

勇＝勇気というのは大切な徳目です。でもそれは、知・仁・勇というかたちでセットになっていないといけない。知は知性、仁というのは普遍的に愛する力、とまずは考えておきましょう。そういうものといっしょになっていないと、勇だけでは危険なところがある。

勝つ見込みもないままに、無謀な勝負をしかける。相手の気持ちを考えることなく、自分自身の考えだけで行動してしまう。これでは、勇は無謀さ野蛮さを助けるものになってしまう。そうならないためには、バランス感覚が重要なのです。そういう主張は『論語』の中にたくさんあります。

人間の中にあるよい性質というのは、つながりあって伸びてゆくものだし、伸ばしていくべきものなのだ、という感覚が孔子にはあるのです。

†ライブの言葉

徳目だけではありません。「つながり」は、また状況とのつながりでもあります。

孔子の言葉は、イエスの言葉、ゴータマ・ブッダの言葉と同じように、ある状況の中で発せられた言葉、ライブの言葉です。

そのライブの言葉がどうしてこんなに普遍的な力を持っているのか。これは一見不思議なことに思えます。

たとえば、私たちが本を書くときは、その場その場の状況だけにとどまるものではなく、ずっと残るようなものを目指して言葉を選びます。状況とは少し距離をおいた方が、長く残るものになるのではないかと考えるからです。

しかし、聖書、仏典、『論語』といった、人類の歴史の中で最も長い生命力を持ち、今でも影響を与え続けている本というのは、状況の中で発せられた言葉なのです。

そして、その言葉は、それぞれの特殊な状況から切り離されても、諺《ことわざ》のように、あるいはスローガンのようなものになって、普遍的な知恵として人々に深い感銘を与えます。「温故知新」という言葉があります。この言葉の出典は、『論語』です。

「古き良きことをわきまえ、新しいものの良さもわかる「故《ふる》きを温《たず》ねて、新しきを知る」。そんな人は、師となれる。」(為政第二・11)

これもおそらく、ある状況下である弟子に発せられた言葉でしょう。

しかし、「温故知新」は今では完全に日常の日本語です。そもそもどういう状況の言葉であったかも知らずに、それどころか出典が『論語』であるということも知らなくても、広く使われているのです。それだけの力がある言葉なのです。

「故事成語」となった言葉だけではありません。愛弟子の顔回《がんかい》を亡くした孔子が、その状況で口にした「この人のために身をふるわせて泣かないのなら、一体だれのために慟哭《どうこく》するというのか」(先進第十一・10)、「天は私をほろぼした」(先進第十一・9)といったような言葉、これは完全に状況と密着しているにもかかわらず、後世の人たちの心の中に強く長く残り続け、影響を与えてきたのです。

そう考えてみると、この「状況とつながっている」ということに孔子の言葉の生命力の秘密があるのではないか。彼の底知れない教育力、本質をつかむ力は、具体的な状況の中でこそ発揮されるのではないか。

具体的なものであったとしても、それが非本質的だと、状況に張り付きすぎてしまって、普遍性を持たない。時代を越えられないのです。

かといって、状況をまったく無視してしまって、普遍的な真理だけを述べようとすると、そこに生きた人間の言葉の魅力が欠けてしまう。

『論語』の魅力というのは、孔子の「肉声」が聞こえてくる、というところにあります。諺として成立するほどの普遍性を持ちながら、そこには孔子の人格・身体性が彷彿《ほうふつ》としてくる。肉を持った言葉です。

そこには論理だけではなく、感情がこもっている。普遍的な理だけではなく、状況の中で揺れ動く感情、勢いというものが、言葉の生命力になっているのです。

†対話の力

「つながり」の三つ目は、孔子はつねに弟子とともにあって、その言葉は弟子とのつながりの中で発せられている、ということです。

『論語』は、孔子の独り言を記録したものではありません。

多くの言葉は、弟子たちに語ったものです。それも、一方的に孔子の考えをいうものではなく、弟子たちが質問してそれに応える、という形をとったものがほとんどです。

弟子は孔子の答えに感謝し、それを大切に覚えて、それぞれの生き方の中で育てていく。『論語』の言葉は、まずは第一に教育の言葉です。それが大きな筋《すじ》としてあります。たんに思いつきをつぶやいているわけではなく、そこには明確で力強い方向性があります。

孔子には「弟子たちにはこんなふうな人間になってもらいたい」という気持ちがある。そしてその土台には、「凡人であっても努力すれば聖人＝理想的な人間になれる」という考えがあります。堯《ぎょう》・舜《しゅん》というのは儒教が理想とする、伝説的な聖人ですが、孔子は、彼らも自分たちと同じ人間と考えている。

『論語』の底には、そのように努力と人間の可能性を信じる気持ちが流れています。

ただし、それぞれの弟子たちの性質は違います。違うというか、かなりバラバラなのです。また、ちょっとひどい言い方をすれば、そのレベルもさまざまなのです。

そうであれば、それにともなって、効果的な言葉の掛け方というものも当然異なってきます。

もちろん、いちばん大切な筋の部分は押さえられていて、そこにブレはない。けれども、目の前の弟子にちゃんと届くように言葉を選ぶ。

そのことが典型的にわかる箇所として、こんな一条があります（先進第十一・22）。


子路《しろ》が先生に、「人から善いことを聞いたならば、すぐにそれを行なった方がいいでしょうか。」とおたずねすると、先生はこういわれた。

「家には父や兄がおられるのだから、その意見を聞くべきだ。すぐに行なうのはよくない。」

冉有《ぜんゆう》が、同じ質問を先生にした。先生は、「善いことを聞いたら、すぐに行ないなさい。」といわれた。

公西華《こうせいか》がたずねた。

「先生は二人の同じ質問に対して、異なる答えをおっしゃいました。私は迷ってしまいます。」

先生はいわれた。

「求《きゅう》（冉有）は消極的だから、はげましたのだ。由《ゆう》（子路）はとかくやり過ぎるから、おさえるようにああ言ったのだ。」

質問は同じです。でも、答えは正反対です。

いまだったら「先生は生徒を差別している！」と怒る人もいるかもしれません。けれども、弟子の個性が異なっているのに、同じ言葉を与える方が、実はかえって危険ということもあるのです。たとえはよくないかもしれませんが、違う病気に同じ薬を出すのはよくないようなものです。

また、こういうやりとりで、もうひとつ感心するのは、孔子が言葉を返す時にあまり考え込んだ形跡がないことです。

すっと、言葉が出てくる。これは、孔子がふだんから弟子のひとりひとりをよほどしっかりと見ていたことを意味するにちがいありません。

以下に挙げるのは、弟子にアドバイスをするという場面ではないのですが、弟子たちの個性のちがいがはっきりと見え、かつ、孔子自身の人格が自然な感じで見えるので、私が非常に好きな箇所です。それも紹介しておきましょう。

顔淵《がんえん》（顔回）と季路《きろ》（子路）がおそばにいたとき、先生が「おまえたちの志を言ってごらん。」といわれた。

子路は、「自分の馬車や毛皮の外套《がいとう》を友と共有し、友がそれをダメにしてもうらまないようでありたいです。」といった。

顔淵は、「自分の善いところを誇らず、人に対してつらいことをおしつけないようでありたいと思います。」といった。

子路が、「どうか先生のお志をお聞かせください。」というと、先生がこういわれた。

「老人には安心されるよう、友人には信頼されるよう、若い人には慕われるようでありたいね［老者はこれを安んじ、朋友《ほうゆう》はこれを信じ、少者はこれを懐《なつ》けん］。」（公治長第五・26）

「私の志はこれだ！」と、不特定多数に宣言するわけではなく、子路と顔回というもっとも愛する弟子たちとの会話の中で、自然な感じで自分の志を語り出す。

この言葉はその場ですっと出てきていると思うのですが、実に自然で偉ぶることもなく、しかも、温かく具体的である。

このように『論語』の言葉は、弟子たちや状況との「つながり」の中で語られ、しかも、そこで語り出された徳についての内容が、また、ほかの言葉とからみあってますます豊かな世界を形作っていくのです。

†「学問」の目的は「よく生きる」こと

『論語』の言葉は弟子を相手に語られている、ということを言いました。そのスタイルについては、もうひとつ考えておくべきことがあります。

それは、当時の思想というのは、現在のように体系立てて書物にまとめるような性格のものではなかった、ということです。

ですから『論語』の中で言われる「学問」を、いまの物理学や化学、あるいは歴史学や言語学といったものをイメージして読むと大事なところを誤解してしまいかねません。

もちろん、それは当時の学問のレベルが低かったため、体系立ったものになるには至らなかったのだ、ということではありません。学問のめざすところがちがうのです。

孔子の学問は、「よりよい生き方をする」というのが、いちばん大きなテーマです。

だから、その学問の言葉は、単に頭の中に知識として蓄えられるだけでは意味がない。それぞれの身体に栄養素として、あるいは酵素のようなものとして、入りこんでその人の存在自体を形づくらなければなりません。

ところが、この栄養素というのは、どうも書物だけになると抜けてしまいやすい。では、書物ではなくて何で伝えるか。それは、思想を体現する人間です。いや、その人間自身が思想となっているそういう存在によってです。

これは、現在でいえば、学問よりもむしろスポーツを例にして考えた方がイメージしやすいかもしれません。

「よいプレイ」はどこにあるのか、どこから学べるのか、と聞かれたら、多くの人は、それは実際のプレイからだ、と答えるでしょう。プレイする選手の、あるいは選手のプレイの外になにか「プレイの本質」があるわけではありません。

「こういうのがいいプレイだ」と書かれた教科書は、それなりに役に立つかもしれないけれども、でも、その教科書自体がスポーツの本質だという人はいないでしょう。本質は、そのプレイヤーのプレイそのものなのです。

イチロー選手のバッティングは、スポーツの本質です。本にセオリーとして、「ワンバウンドのボールを打つのはよくない」と書いてあったからといって、それを基準にして、「イチローのバッティングは本質から外れている」というのもおかしな話でしょう。大切なものがあるのは、イチローのバッティングの方です。

†人格力に感染する

もちろん、バッティングに限らずスポーツのプレイというのは、一回一回異なります。そういう変幻極まりないものを「本質」と呼ぶのには違和感を持つ人もいるかもしれません。

けれども、そこで無理をして、「いや、プレイの本質というものがどこかにあるのだ。個々のプレイはそれを一回一回違う形で表現しているのだ」と考えるよりも、その一回一回の言葉やプレイがまさに本質そのものなんだ、と考えた方がはるかに実感に近いのではないでしょうか。

それとやはり、ただ書かれた言葉を読むよりも、肉体性を持った人間が生きて動いているのに接する方がはるかに強い力を受ける、というのも事実です。

いまの脳科学の言葉をつかえば、ミラーニューロンを活性化させるような感じで、人に影響を及ぼす。感化していく。人格が存在していくことによって伝えられていく力があるのです。これは、別に神秘的な話でも何でもありません。実際に私たちが日常の中で経験していることです。

たとえば、学級崩壊状態になっている教室に、ひとり、とてもさわやかで毅然《きぜん》とした態度を持った先生がやってくる。ただ、それだけで、教室は秩序を取り戻し、学びの場として回復する。そういうことは実はよくあります。人間ひとりの存在が持つ感化力というのは、実はすごいものなのです。

孔子が、自分の理想とする道が中国では実践されないことを嘆いて、いっそ東方の異民族のいる土地に住まおうか、という気持ちをこぼしたとき、ある人が、「水準の低いいやしい土地ですから、それはいかがなものでしょうか」と言ったということがあります。

そのときの孔子の返事は、「君子がそこに住めば、何のいやしいことがあろうか」(子罕第九・14)でした。

「君子、すなわち私には感化力があるから、土地の水準はそれによって高くなるはずだ」というのです。これは、「立派な先生が赴任すれば、学級崩壊などおさまるはずだ」と同じことです。

孔子の学問は、こうした人間同士の感化力の中で磨かれ、身につけて、伝えていくものです。そして、その学問の成果を発揮するというのも、それは人間を感化することなのです。

ですから、書物のようなマニュアルではなく、「対話」で学問する。『詩経《しきょう》』のようなテキストはあるけれども、それを新しく解釈し、心に響くように読んでいく。それが孔子の考える学問なのです。

『論語』は、たしかに生きた人間そのものではありませんし、対話そのものでもありません。文字となった言葉を集めた書物です。

しかし、この断片的で一見非常にとっつきにくいこの書物は、読んでいくと、そこに孔子やその弟子たちの人間像と、その状況が生き生きと浮かび上がってくるような書物です。また、繰り返し読んでなじんでいくことによって、自分と『論語』との間に、対話がなされている感じを覚えるような書物です。

『論語』は、そうやって読者とつながっていく中で、生き続けていく古典なのです。

【コラム】孔子の教えを受けた人たち

孔子と弟子たちは、学びの共同体をかたちづくっています。ただし、それを現在の感覚で、「学校みたいなもの」としてイメージしてしまうと、ちょっと的をはずしてしまうかもしれません。

メンバーも固定していないし、場所もつねに動いている移動する「塾」のように考えた方が実情に近いでしょう。出入りは自由で、学びにおいての積極性、主体性を前提としています。弟子たちの方に意欲がなくなれば、彼らは孔子から離れて、自然に縁遠くなっていく。

しかし、このようなゆるやかな集団がまとまりのあるものとして機能するには、中心に引力のある人間がいなくてはダメです。孔子は、まさにそういうタイプの人物でした。孔子の塾は、なにかがっちりした綱のようなもので結ばれているのではなく、弟子たちは、一定の距離を持ちながら孔子という太陽に引きつけられ、そのまわりを回っている、というイメージでしょうか。

『論語』を読んでいると、そのオープン性と、風通しのよさを非常に気持ちよく感じることができます。

弟子になるにしても、教えを受けるための特別な資格というのはなかったようです。

先生がいわれた。

「人に教えを求める時の手みやげとして最も軽いのは乾肉《ほしにく》十本だが、それを持ってきたならば、つまり最低限の礼をふまえた者ならば、教えなかったことは未だかつてない。」（述而第七・7）

どんな人たちであっても、直接孔子の教えが受けられました。これについては、以下のようなエピソードもあります。

互郷《ごきょう》という地方は風紀が悪く、善について語るのは難しいのだが、ある日その地方の子どもが先生に面会に来た。弟子たちはとまどったが、先生はこう諭《さと》された。

「学ぼうという姿勢がないならどうしようもないが、教えを求めて自ら進んでやって来たのは、すばらしいことではないか。それなのに土地柄という先入見であやしむのは、ひどすぎる。環境や過去のことは問わない。人が身と心を清くしてやって来るのなら、力になってやりたい。」（述而第七・28）

そう考えれば、孔子には弟子が三千人いた（『史記』「孔子世家」）というのも、あながち大げさな話ではなく、実際に会って教えを受けた人間がそれくらいいても不思議ではありません。

孔子の弟子は、さらに弟子をとります。『論語』自体も、孔子の直弟子の手によるものではなく、その孫弟子の世代の編集によるものとされています（ですから、孔子の弟子である「曾子《そうし》」なども先生扱いされている箇所があります）。孫弟子の世代でも、先生の先生としての孔子は意識されていたのですから、その影響は多大なものだったと想像されます。

ところで、孔子塾は、誰でもが教えを受けられるオープンな場所ですが、教育内容は、はっきりとエリート向けです。孔子は当時最高水準の知識の持ち主ですから、学問の水準が高いこともちろんですが、その学問の内容も、将来社会的なエリートとなって、政治・行政に活躍する人材を生み出すためのものでした。

実際に、名のある弟子の多くは、政治家・行政官として、かなり高いレベルでの実務に携わっていたようです。孔子本人は、必ずしも望むポストでその手腕をふるう機会には十分めぐまれませんでしたが、その教えは、弟子を通して社会にも影響を与えたでしょう。

孔子の影響力は、孫弟子の世代や、狭い地域の行政には留まりませんでした。その後にも、孔子の影響を受けた思想家が続々と登場します。

百年後に出てきたのは、孟子《もうし》です。かれの思想は、『孟子』という書物にまとめられて、その後、儒教の重要テキスト「四書」の一冊となります。さらにその後、荀子《じゅんし》も出る。そうやって大物思想家の力もあって、その思想の流れは続いていくのです。

戦国時代は、秦《しん》による統一で終わりを見ましたが、その秦は「焚書坑儒《ふんしょこうじゅ》」(主に儒教を標的とした思想弾圧)という後世に悪名高い政策をとりました。しかし、秦は短期間で滅び、そのあとに中国を治めた漢《かん》ではついに国教化し、その後、中国の最も正統な学問は儒学ということになったのです。

宋《そう》代には、壮大な宇宙論をも含んだ朱子学《しゅしがく》が生まれ、これは日本でも江戸時代に公式な学問とされました。

もちろん、孟子や、国教化された儒学や、朱子学というのは、孔子の学問そのままではありません。独自の思想になってしまっているところも多いのです。しかし、それでも、『論語』という源泉自体は非常に強烈で、その底にはつねにその力が潜んでいる。そして、それはときに現実の社会を動かしていく。

西郷隆盛《さいごうたかもり》といえば、明治維新最大の立役者のひとりですが、彼は、佐藤一斎《さとういっさい》の『言志四録《げんししろく》』からとても大きな影響を受けています。

佐藤一斎は、江戸時代の儒学者ですから、当然『論語』を基礎中の基礎テキストとして自分の学問を作りあげているのですが、実際にその書物を読んでみると、そこでは驚くぐらい鮮烈に『論語』の精神が生きているのです。二千五百年の年月を経ても、まさにダイレクトに孔子に学んでいる、という感じがする。

そう考えると、佐藤一斎や西郷隆盛は孔子の弟子や孫弟子にも見えてくるくらいです。

もちろん、いまの私たちにとっても、『論語』は、その後の儒学の展開を抜きにしてそのまま読むことができ、そこに直接学ぶことができます。

また、エリートを志向していた孔子の教えが、いまの私たちひとりひとりに響いてくるのは、現在の世の中はすでに、一部の優秀な人間に物事をまかせておけばよいようなものではなくなっているからです。その意味では、みなが「『論語』が想定していたエリート＝君子の気概」を持たなければいけなくなった今こそ、『論語』と孔子に学ぶ人たちが、最も数多くなるべき時代なのかもしれません。

第1章
他者のリクエストに応える——自己実現と社会

†個人と社会

現代日本人が、『論語』に学ぶ価値のあるテーマのひとつに、「個人と社会との関係のあり方」があると思います。

現代社会では個人の尊厳が声高に言われていますし、それはもちろん何よりも重要なことです。しかし、それを実現していこうとすると、どうしても社会との関係を考えなくてはならなくなる。人間は社会なしでは生きてはいけませんが、社会が必ずしも個人の側に立ってくれるとは限らない。

ですから、社会の問題点を指摘し、これと闘っていくことは大切です。思想家と言われる人の多くは、社会の問題点を指摘し、批判してきました。

孔子ももちろん例外ではありません。けれども、孔子のスタイルというのは、社会を鋭く批判はするけれども、そこに絶妙なバランス感覚があるのです。本章では、それについて、『論語』から、今を生きるヒントを探ってみたいと思います。

†就職活動をする偉人

孔子とよく比較される歴史上の偉人には、イエスやソクラテス、ゴータマ・ブッダなどがいます。

いずれも、「人類の教師」とするに足る人物ですが、社会とのかかわり方という観点から見てみると、孔子はほかの三人とはちがったところが見いだせます。

イエスとソクラテスは、最後には死刑に処せられましたし、ブッダは政治や社会から離れて真理を追究しました。

けれども、孔子は、政治家・教育者として社会の中で活動しながら、天寿を全うしました。これは、単に事実そうだった、というだけではなく、『論語』を読んでみると、自殺したり処刑されたりする孔子というのは、そもそものところでちょっとイメージでしづらい。世の中と自分をうまく調整していこう、という感じがあります。性格も、激しいところはあるのですが、あまりにも極端なことはしない。

一方、ソクラテスやイエスは、やはり過激で徹底したところがあって、世の中に対して容赦のない態度を示す。だから社会の側も黙っていられない、というところがある。死刑になったのも仕方がない、とは言えませんが、何らかの刑に処されてもおかしくない、周囲と摩擦をおこす活動をしている。

優れた人物が、それゆえに社会から排除されるということはありがちなことです。孔子も自分の生国（魯《ろ》）で政治家として失敗して、漂泊の生活を送るわけですけれど、それでも、殺されるところまではいかないし（殺されそうになったことはなくもないのですが）、つねに弟子たちとともにあって、そして社会へ参画する意欲を失うことがない。

孔子の旅は、上司を求めての就職活動という面があります。これも、イエスやブッダやソクラテスには考えられない。ブッダなんかは、王族の出で将来は国を治めていくことを期待されていたのに、それを捨ててしまったくらいです。就職活動するイエスもイメージできない。ソクラテスはひとりの完全な市民で、だれかに仕えたりはしない。

ところが、孔子はまさに、上下の関係を軸にした社会の中に、自分の活動の場を見いだそうとしています。

イエスやソクラテスは、たしかに立派な人間ですけれども、これを真似して生きろ、死刑になってもかまわないから自分の信念を貫け、とは凡人には言えません。

その点、孔子の態度は、現代日本人にも非常に参考になります。多くの人は、やはり上下関係のある組織に属し、そこで生きていくしかない。その点、孔子は非常にロールモデルにもしやすい聖人、と言えるのです。

†人間は社会の中で生きる

孔子が、一貫して社会に対してかかわり続けたのは、社会と妥協したから、ということではありません。

実際に、ああ、ここの君主はダメだ、この国の政治はよくない、ということで、それぞれの政府に対してはかなり厳しい態度をとっています。だからあちこち漂泊することにもなったのです。

それでも、社会の中で活動しつづけたのは、人間の生きる場所は人間社会なのだ。自己実現するというのも、それは結局のところ、社会を離れてはありえないのだ、という確信があったからです。

『論語』には、ときおり「隠者」が出てきます。隠者とは、高い知性と見識を持ちながらも、社会とのかかわりを最小限にして、世の中から「隠」れて棲《す》む人たちです。

その隠者である桀溺《けつでき》が、孔子の活動を批判して弟子の子路《しろ》にこう言います。

「滔々《とうとう》と流れ、せき止められないのは、この河だけではない。天下もすべて低きに流れて止めようがない。いったいだれとともにこの世の中を改めようというのだ。おまえさん（子路）も、いもしない立派な君主をさがして結果として人を避けている人についているよりは、世を避けて暮らすわれわれにつく方がましじゃないかね。」

それに対して、孔子はため息をつきつつ、こう言ったのでした。

「世が乱れているからといって、鳥や獣といっしょに暮らすわけにはいかない。この世の人々とともに生きていくのでなくて、だれといっしょに生きてゆくというのか。もし今天下に〈道〉が行なわれているのならば、私も世を変えようとは思わない。」（微子第十八・6）

あるいは、ある隠者に対しては、子路の口を借りてこういうことを言わせています。

「主君に仕えなければ、君臣の義はありません。御老人でさえ捨てられない長幼の義（子路は前日、この隠者のもとで歓待され、隠者はそのとき、自分の子どもを年長者である子路に対して挨拶させた）と同様に、君臣の義もまた捨てられないものなのです。自分ひとりが清くあろうと思って、主君に仕えないでいれば、それはかえって大きな道徳を乱すことになりましょう。君子が仕えるのは、義を実現するためです。それが現実にはむずかしいのは、もちろんわかっていますが、それでもやるのです。」（微子第十八・7）

孔子は、隠者自体を否定しているわけではないでしょう。学ぶのが大好きな人ですから、隠者の優れた見識から教えを受けたいと考えている節もあります。

それに、彼らがそのようにいう理由も十分に理解していると思われます。それどころか、〈道〉の実現が困難であるということは、それを目指して日々努力を重ねている孔子自身の方が、彼ら以上によく知っていたはずでしょう。けれども、「鳥や獣といっしょに暮らすわけにはいかない」のです。

†リクエスト社会への対処

翻《ひるがえ》って、現代社会のことを考えてみますと、これは、孔子が活動した古代中国よりも、もっと社会生活の占める位置が大きくなっています。「隠者」のようにして生きるのは、もうほとんど不可能でしょう。

「人間は人間社会の中で生きるべきだ」という信念を持っているかどうかにかかわらず、社会の中でしか生きられなくなっています。その意味では、孔子の考えはまさに現代に使うのにぴったりです。

ところで、現代日本の社会の中で生きるということは、どういうことでしょうか。いろいろな観点があると思いますが、そのひとつの側面として、他人のリクエストに応えていかなければならない、ということがあります。

いまは、ほとんどあらゆる職業がサービス業となっています。そこには必ずクライアントがいる。

教師といえば、かつてはサービス業的な考えからもっとも遠い存在でしたが、いまでは、保護者さらには子どもたちからさえ、要求をつきつけられるようになっています。そこでは、サービスを要求する側が未熟なまま、わがままなリクエストをしてくる場合も少なくありません。

「リクエスト」されるのは、職場だけではありません。

「家族サービス」という言葉に見られるように、家庭という場でもサービスを要求される。

家庭も仕事も、ということで一生リクエストに応え続けなければいけない、サービスし続けなくてはならない人生です。

そういう傾向が、一概に悪いというわけでありません。私たちが、現代社会の中で心地よく生きられるのは、それらのサービスのおかげなのですから。あらゆる場面でリクエストができ、それによって快適で高度な生活を営める、という面は見落とせません。

かつて家庭では、リクエストなしで快適に暮らせたといっても、それは一家の主だけに許された特権だったのです。いまの家族サービスというのは、ある意味でやっと家族が公平になった、ということもできるでしょう。

とは言うものの、常にリクエストにさらされているというのは実際のところ、かなりのストレスです。

これに対処する考え方としては、まず第一に、そのリクエストから離れた「個」の時間を持つ、というのがあります。典型的には、趣味の時間などがそれに当たります。そこでは過度に他人に配慮する必要はない。そうすることによって、リクエスト続きで疲れた心身をリフレッシュする。これはとても効果的な方法です。

しかし、それだけではなく、もうひとつの対処法があります。それは、他者のリクエストにこたえること自体を自己実現とする、という考え方です。孔子の考え方は、明らかにこちらです。

†リクエストと自己実現の交差点

それはもちろん、どんな要求にもこたえる、ということではありません。逆に言えば、自己実現につながらないようなところにはいかない。そういう要求にはこたえません。けれども、リクエストと自己実現がクロスするところはあるはずだし、そこを求めるべきだというのが基本の考え方になります。

『論語』には、次のようなやりとりがあります。


子貢《しこう》が先生に出仕の意思があるかを聞こうと思い、比喩を用いてこうたずねた。

「ここに美しい宝玉があるとします。箱に入れてしまっておくのがよいでしょうか、それともよい値で買ってくれる人を求めて売るのがよいでしょうか。」

先生はこう答えられた。

「売ろう、売ろう。私はよい値で私を買う人を待つ者だ［我は賈《こ》を待つ者なり］。」（子

罕第九・13）

「美しい宝玉」は、それだけでは意味を持たない。それを買ってもらう、というのは、他者からのリクエストがある、ということです。

ただし、注意したいのは、それには、ちゃんとした値段が付かなければならない。売買という比喩は、ちょっと見ると、あまりにもミもフタもないように思えるかもしれませんが、実は意外に大切なところを押さえているのです。

買う側も売る側も、合理的に振る舞うことによってこそ、まるで需要と供給の線が交わるように、自己実現とリクエストが交差するところが見つかります。

そこさえ押さえておけば、あとはどんどん柔軟に、実践的に、積極的に行動していけます。

ところで、他者のリクエストに応えるときのコツとしては、「少し」他者のリクエストを優先する、というのがポイントです。現代日本では、他者に完全にあわせようとして自分がダメになってしまう、というケースで悩むことも多いと思います。

そこで、「自己実現をとって他者を棄てる」とか「他者にあわせて自己をあきらめる」、というふうになりがちではありますが、それはちょっと極端な態度です。売買のたとえでいえば、あまり高値をつけてもダメだし、安売りをしすぎてもよくありません。

そこは適切なバランスを持って動く必要があります。

†自分に基準があれば積極的になれる

孔子は、自分の中に基準というか、バランス感覚がありますから、動きもかなり積極的です。

魯国の季氏《きし》の家老であった公山不擾《こうざんふじょう》という人が、費《ひ》という町を根拠地として季氏に叛《そむ》いたことがありました（陽貨第十七・5）。そのとき、公山は孔子を正式に招いたのです。他者からのリクエストがあった。

そこで、孔子は行ってみようという気になった（実際は行くことなく終わったのですが）。ところが、弟子の子路はそれをよく思いませんでした。「行かれることはありませんよ。どうして公山一族などのところにお行きになられるのですか」というのです。

それに対しての孔子の答えはこうです。

「こうして私を招く以上、単なる呼びかけでなく、私を用いようとしているのだろう。もし私を用いてくれる者があるならば、この東方のわが国に周《しゅう》王朝の理想を再興しようじゃないか。」(陽貨第十七・5)

他者の要求が本気だとみれば、それにちゃんと反応する。しかし、相手の考えとは別に、自分には自分の理想がある。「周王朝を再興したい」という気持ちがそれです。それが実現する可能性があると思うから、呼びかけにこたえる、という孔子のスタイルがよく見てとれる箇所だと思います。

もうひとつ、似たような箇所を紹介します。晋《しん》国の大夫《たいふ》、趙簡子《ちょうかんし》の家臣である仏肸《ひつきつ》が先生をお招きしたときです。孔子はこれにも応えようとしました。そこでも子路が止めるのですが(子路はこういうところ、けっこう潔癖症なのです)、彼の言葉はこうです。

「以前、わたくし由《ゆう》は、先生からこう教えていただきました。自分から不善をなすような者のところには、君子は仲間入りしない、と。仏肸は趙簡子が管理している中牟《ちゅうぼう》という地の長官でありながら、そこを根拠地として趙簡子に叛《そむ》いています。そのような者のところへ先生が行かれるのは、いかがなものでしょうか。」

なるほど、子路の言葉は筋が通っているように思えます。ところが、ここでの孔子の返事がまたおもしろい。

「たしかに、そういうことをいったね。しかし諺《ことわざ》にも、『本当に堅いものなら、研《と》いでも薄くはならない』、『本当に白いものなら、黒土にまぶしても黒くはならない』というではないか。それに、私は苦瓜《にがうり》でもあるまい。ぶらさがっていて、だれにも食われない、というのではなく、用いてくれる人がいるなら力を発揮したいものではないか。」（陽貨第十七・7）

ここでも、目を引くのは、自分の中にある基準を信じる力と、自分の存在意義を他者の要求にこたえることの中にみる姿勢です。また、自分のことを「苦瓜でもあるまいし」と、ちょっとユーモラスに表現する余裕があるところも、いかにも孔子らしい態度です。

†ストレス回避の職場術

ところで、他者のリクエストに応えるといっても、他者は必ずしも「個人」というわけではありません。

社会の中で、人間が集まって何かしようとすると、「組織」を作ることになります。孔子は政治家でもありますから、組織の中でどうやって対処していくかについても、いろいろ実地で知っているわけです。

たとえば、「その地位、役職にいるのでなければ、その仕事には口出ししないことだ」という言葉があります（泰伯第八・14）。

一見すると、なんだか「事無かれ主義」のようで、あまりにも無責任なことを言っているようにも思えます。本来であれば、「正しい」と思ったことに対しては、たとえ、自分の立場を超えたことに対しても、積極的にかかわっていき、それを実現させていかなくてはならない、そう考える人も少なくないでしょう。

しかし、第一にやるべきは、自分の仕事です。それぞれの「位」には、それぞれの責任があります。それに対して外から軽々しく口を出すのは、実は無責任ですし、またその問題に対して責任ある立場にある人に対しても、ためにならないことも多い。

また、すでに述べたように「他者のリクエストの中で自己を実現する」という姿勢で仕事をしていれば、そう簡単には人の仕事に口出しできなくなる、と考えた方が自然です。そうすることで、無用なストレスを抱え込むことがなく、結局は自分自身の仕事にいい影響が出るのです。

私自身も、会議の場などではこの孔子の言葉を実践しています。

会議というのは、いろんな議題が出てきます。それのすべてに対して、自分自身の問題としてかかわっていたら、身が持ちません。自分の主張というのは、通らなければもちろんストレスですが、通ったときでも実はそこにはかなりのストレスがかかっているのです。

そうすると会議会議だけで疲れてしまって、自分が責任を持ってやるべき仕事にまで手が回らなくなってしまう。あるいは、会議でも、本当に自分が中心となってやるべきこと、それぞれが真剣に考えなければいけない非常に重要な議題があるわけですが、それにも力を注げなくなってしまう。

そう考えると、一見消極的なようで、実はかなり合理的な言葉だ、ということがわかります。しかも、簡潔にびしっと表現されているので、心の中においておきやすいし、使いやすい。

加えて、序章でも述べましたように、『論語』の言葉には「つながり」がありますから、この言葉だけを取り出して誤解し、それが無責任主義のようなものに堕落していく危険性も少ないのです。

具体的に例を挙げてみましょう。

斉《せい》の国の陳恒《ちんこう》という男が主君の簡公《かんこう》を殺したとき、孔子は魯国の君主である哀公《あいこう》に、これが大罪であることを言い、道を正すために兵を起こして討つように訴えました。

これは、当時の状況では望みが薄い提言だったようで、結局、提言通りにはならなかったのですが、孔子は、「私もまた国政に参与する責任のある大夫の末席についている以上、とにかく筋を申し上げずにはおられなかったのだ」と言っています（憲問第十四・22）。

「その地位、役職にいるのでなければ、その仕事には口出ししないこと」という考えの裏には、「その地位にいるのであれば、その地位に基づいて筋を通すべき責任がある」という信念があるのです。

「君子は事の責任・原因を自分に求めるが、小人は他人に求め、責任を転嫁《てんか》する「君子は諸《これ》を己に求む。小人は諸を人に求む」」（衛霊公第十五・21）という言葉とあわせて読むと一層はっきりするかもしれません。

『論語』の複数の箇所をあわせ読むことによって、筋を通しつつ、過剰なストレスを避ける、バランスのよい対処法が学べるのです。

【コラム】〈中庸〉の徳

本章では、「自己実現」と「他者のリクエスト」のバランスをとることが大事、という指摘をしましたが、このようにバランスをとることの重要性は、個人と社会の関係の問題にとどまらず、『論語』の至るところに見られます。

このバランス感覚のことを、『論語』、ひいては儒教では〈中庸《ちゅうよう》〉と言います。

孔子自身も、「〈中庸〉の徳は、最上のものだ」（雍也第六・29）と言っていますが、後の儒教の伝統でも、非常に重視されました。後世、『中庸』という書物が編纂され、これは『論語』『孟子《もうし》』『大学』と並ぶ「四書」のひとつとされています。

また、余談ですが、古代ギリシャの大哲学者アリストテレスが重要視した徳〈メソテース〉は、内容的にこの中庸と非常に近いこともあって、「中庸」と訳すのが伝統になっています。東西古今に広く重んじられた考えといえるでしょう。

中庸は、徳とはいえ、ほかの〈義〉〈勇〉〈知〉といったものとは、ちょっと異なったところがあります。というより、ほかの多くの徳が徳であるために必要なのが、この中庸の徳です。

たとえば、勇（勇気）は重要な徳です。これが足りないと臆病になってしまう。しかし、これもあればあるほどいいかというとそうではありません。過剰だと無謀や乱暴に通じてしまう。謙譲の徳もそうです。なければ傲慢になりますし、過ぎれば卑屈になる。

まさに、「過ぎたるは猶《なお》及ばざるが如《ごと》し」（先進第十一・16）です。

ただし、その中庸がどこの点にあるのかを見極めることは、非常に難しいのです。体温のようなものであれば、適切なところから一、二度上下したら、それだけでもうたいへんです。そのあたりの判断はむずかしくない。

問題は、人間の考え方や行動についてです。これについては、そう単純に「ここがいちばんいいんだ」というところを探ることができない。それが、中庸の徳のむずかしさと言えるでしょう。

孔子自身も、先の「〈中庸〉の徳は、最上のものだ」という言葉に続けて、「だが、人々が中庸の徳を失って久しい」という嘆きを付け加えています。また、こういう言葉も残っています。

「私は過不足のない中庸の徳を備えた者に道を伝えたいと思っているが、中庸の徳が得がたいとすれば、次は〈狂《きょう》の人〉か〈狷《けん》の人〉かな。〈狂の人〉は大志を抱き積極果敢に善に向かう。〈狷の人〉は慎重だが節操があり、けっして不善をなさない。」（子路第十三・21）

ここから見ると、中庸というのは、バランスの思想ではあっても、とにかく無難に無難に、という消極的な態度ではないこともわかります。

だから、中庸を目指すといっても、「とりあえず足して二で割ればいいか」という発想は、孔子のものからは遠いのです。状況と物事を見た上で、少し一方を強めに意識する、というような実践的な態度も、また考慮に入れておいた方がいいでしょう。

ゴルフでは、「ネバーアップ・ネバーイン（never up, never in）」と言います。カップに届かなければ、絶対に入ることはない、ということです。ぴったりがいちばんいいでしょうが、弱めよりも強めに、というのは、技術的にも心構え的にも十分金言になっているのです。

孔子も次のように言っています。

「ぜいたくにしていれば傲慢《ごうまん》になり、倹約していると上品でなくなる。両方とも中庸を得ていないが、傲慢で礼を無視するよりは、上品でない方がましだ。」（述而第七・35）

私は、本章で、「自己実現よりも他者のリクエストを少し優先するのがコツではないか」と書きました。これは、現代日本人を念頭に塩梅《あんばい》し、『論語』から読みとった私なりの中庸感覚のつもりです。

第2章

本物の合理主義を身につける

――非神秘性・実践性・柔軟性

†合理主義の三要素

『論語』を、いまの私たちが読んでも心地よく感じるのは、その基礎の考えがとても「合理的」であるからだと思います。

加地伸行氏の研究によれば、儒教というのは孔子を創始者とするものではなく、それ以前に原儒というようなものがあって、それは生命の連続性を重視する、どろどろした混沌とした感覚のものだったのだろう、ということです。言ってみればシャーマニズムのようなものだったのです。

それが、孔子の言葉になると、急にすっきり、さわやかになる。その爽快感が大きな魅力です。

この場合の、「合理性」とは、たんに論理的である、筋が通っている、というだけのことではありません。

現代人が「合理的」というと、やや非人情的であったり、あるいは非現実的であったり、というニュアンスがつきまとってしまいますが、『論語』の合理性は、それよりももっと豊かで大きいものに思えます。そこには、たんに「現代人でも共感できる」という以上の、現代人が学ぶべき合理性があるのではないでしょうか。

私は、『論語』の基礎にある合理性は大きく言って、三つの側面を持っていると思います。それは、「非神秘性」であり、「実践性」であり、「柔軟性」です。

†神秘的なものには過度にかかわらない

第一の「非神秘性」とは、「物事を神秘化しない」ということです。

『論語』には、「先生（孔子）は怪・力《りょく》・乱・神を語らなかった」（述而第七・20）と書かれています。これは、孔子の考えのひとつ重要な軸になっているものだと思います。

「怪力乱神」というのは、道理を外れた異常なもののことです。

孔子は、それらの個々の人間の力を超えたものの存在を認めなかったというわけではありません。ただ、それについては語らない。それを基礎にして物事を考えないのです。

哲学者のウィトゲンシュタイン風に言えば、「語りえぬものについては沈黙しなければならない」といったところでしょうか。ゴータマ・ブッダも、「死後、魂があるのかどうか」という質問に対しては「無記」、つまり答えなかったといいます。孔子の態度もこれに近いでしょう。

ただし、これを単に物事に慎重なだけの消極的な態度だと思ってしまうのは、まちがいです。

「いまだ生もわからないのに、どうして死がわかろうか［未だ生を知らず、焉《いずく》んぞ死を知らん］」（先進第十一・12）という大変有名な言葉があります。

ここで、「死がわからない」の前に、「いまだ生もわからないのに」という一言がついていることに注目してください。孔子が死を語らないのは、それよりももっと重要なことがあるからです。

それはすなわち「どう生きるか」という問題です。そして、そのようになすべきことがなせれば、そこでは実は生死も問題でなくなる、ということになります。

「朝に正しく生きる道が聞けたら、その日の晩に死んでもかまわない［朝《あした》に道を聞かば、夕べに死すとも可なり］。」（里仁第四・8）

強烈な言葉です。このような道を求める激しい気持ちがあるからこそ、「怪力乱神」にかかわっているヒマはなくなる。

実際に、神秘的なものにかかわりあっている人の中にも、それらに対して必ずしも敬虔で真剣な気持ちを持っているわけではなく、実にいい加減な態度の人間がいることを、孔子は見抜いていたようです。

『論語』の中にあって、もっとも広く知られている言葉のひとつに、「義を見てせざるは勇なきなり」という言葉があります。ところで、この言葉が出てくる孔子の言葉全体は、次のようになっています。

「自分の祖先の霊でもない神を祭るのは、幸運を欲しがってへつらっているだけだ。してはならないことをするのはよくない。反対に、人として当然すべきことをしない傍観者的な態度は、勇気がない［義を見てせざるは勇なきなり］。」（為政第二・24）

前半と後半はワンセットの表現です。孔子の考え方がよく出ている言葉だと思います。

あるいは、次のような言葉もあります。

「人としてなすべき〈義〉を務め、人知の及ばない鬼神や霊は大切にしつつも遠ざけて

おく。これは知と言える。」（雍也第六・22）

「物事を神秘化しない」というのは、けっして消極的な姿勢ではありません。そういった人知の及ばない領域に過度にかかわるよりも、現実の中で人としてやるべきことに力を出しつくそうではないか、というとても積極的な考えなのです。

†ハッタリで偉そうにしない

また、孔子は、語る対象に対してだけでなく、自分自身のことも神秘化しません。

「諸君は、私が隠しごとをしていると思うか。私は隠しごとなどしない。私の行動はすべて諸君とともにある。これが、私、丘《きゅう》なのだ」（述而第七・23）と言ってはばかりません。

「本当のもっとスゴイ自分はまだ見せていないよ」という形でハッタリをかましたりはしないのです。

弟子に対する態度にもそれは表われています。弟子に序列を作らない。

もちろん、高弟というのに近い弟子もいます。子路《しろ》や顔回《がんかい》はそうです。でも彼らは、先生と長くいるというだけのことで、他の弟子とはちがった何らかの特権を持っているわけではありません。実際、子路はもっとも付き合いの長い弟子でありながら、他の弟子たちに軽んじられているようなところもあったようです。

先生の前では、どの弟子も平等で自由に質問でき考えを言いあえる。これは弟子の優秀さともあまりかかわりがないように思えます。実際、弟子たちの質問はまったく遠慮ありません。

「先生、仁ってなんですか？」

「政治を行うのに大切なことってなんでしょう？」

「祀《まつ》りごとの本質とはなんですか？」

先生に権威がなくなった、教師と学生との間がフランクすぎる、と言われがちな現代日本の教師である私から見ても、『論語』の師弟関係というのは、実にあけっぴろげです。しかも、先生の方でもそれを全然嫌がらない。

私だったら、「いや、質問するのもいいけど、もう少し自分で勉強してからにしてほしいなあ……」「いまさら、こんな程度の低いことしか言えないのか……」と思ってしまうようなところでも、孔子は実に丁寧に答えを返す。

自分のことを、「人に教えて退屈することがない［人を誨《おし》えて倦《う》まず］」（述而第七・2）

と言っているだけあって、まったく惜しげもなく、見事な言葉の贈り物を与え続けるのです。

自らを近づき難い存在にして権威を保ちたいとき、弟子のランキングを作って、それにしたがって接する態度に差をつける、というのは効果的なやり方です。

先生に直接会って話ができるのは、いちばん上の限られた弟子だけ。その次に位置する弟子は姿を見ることができるだけ。声だけを聞くことが出来るのがその次……。あるいは、こういうことをすると何段だ何級だ、師範だ師範代だ、というような名前やランクがもらえる。

そうすると、その頂点にいる先生は、(なんだかよくわかんないけど)スゴイんだというのが演出できます。いまでもどこかでありそうな話ではないでしょうか。しかし、孔子の教団では、そういうことが一切ないのです。教祖的というか家元的なところがない。

儒教は上下関係に厳しいというのが、一般的なイメージかもしれません。たしかに、目上の人間を尊重するのは事実です。『論語』の中でも、そういった教えはあちこちに書かれています。でも、弟子と先生のこういった生き生きとした対話を読んでいると、それは上がいばっていて下を押さえつけるというようなものでは全然ない、むしろ、その対極のものだ、ということが実感できると思います。

もちろん、先生は特別です。けれども、それはたとえば、慶応義塾でいう福澤諭吉が特別だというのと同じようなもので、たしかに、「先生」はひとりだけなのですが、だからと言って弟子たちは、質問するにも、教えを受けるにも全然遠慮することはない。

学びの場は、神秘のベールに覆われてはならない。これが孔子の合理性の表れの第一です。

†実学こそが学問

合理性の第二の面は、実践性です。

孔子の学問は、基本的には実学です。

福澤諭吉は、『学問のすすめ』の中で、かなり形骸化が進んでしまった儒学に対して激しい攻撃をあびせ、それと対比して、役に立つ学問としての「実学」の重要性を主張しました。しかし、実際に『論語』を読んでみると、実は孔子の考える学問というのは、時にはちょっとミもフタもないんじゃないか、と思えるほどに実学志向なのです。

孔子の教団でもっとも重視されたテキスト、いわば教科書といえるのが『詩経《しきょう》』です。

その「詩」の効用について、孔子はこんなことを言っています。

「詩を朗誦すれば、志や感情が高められ、ものごとを観る目が養われ、人とうまくやっていけるし、怨《うら》むようなときも怒りにまかせることなく処することができるようになる。近く父に仕え、遠く国君に仕えるのにも役立つ。そのうえ、鳥獣草木の名前をたくさん識《し》ることができる。」(陽貨第十七・9)

詩で感性を磨くことができ、人格の陶冶《とうや》に役立つ。これはいまでもわかりやすい。ただ、非常に実学的なのは後半の「遠く国君に仕えるのにも役立つ」という箇所です。詩は実務に直結するのです。

この一面をもっとはっきり表現した言葉もあります。

「『詩経』の詩を三百篇暗唱していたとしても、内政を担当させても事を達成できず、外交をまかせても相手とわたり合えないのでは、どれほど覚えていても、それは死んだ知識であり、取るに足りない。」(子路第十三・5)

まさに実用の知識としての評価です。『詩経』を丸暗記しただけでは仕方がない。それは実践の場で生かされるもの、あるいは実践のための判断力を養い、知識を蓄え、時には自分の言動を反省するための鏡となる、そういう「手段」なのです。

ただし、一言付け加えておけば、その実践的な知識にも感情と人格の生き生きした力が流れていなければならない、ということには注意しなくてはなりません。そうでないと、外交の場のように、刻一刻と状況が変化し、複雑な力学の働く場所で的確な対応はできないでしょう。

そしてこの実践性は、単に「詩」というカリキュラムの活用法にとどまる考え方ではなく、孔子の学問全体につらぬかれているものです。

たとえば、〈仁〉や〈勇〉や〈信〉といった徳目は、学問を通して身につけるべきものですが、これが身に付いたと言えるのかどうかは、実際の経験の中で試されなければならない。経験主義的、実力主義的と言えます。

また、学問の目的も、基本的には行政官僚の養成というきわめて実践的なものです。孔子も、十分に学問をしないうちに仕官したがる人間に対しては、不平をもらします（「長年学問をしているのに、官職を得て俸給をもらおうとしない人は、なかなかいない（ひたすら学問に打ち込む人がもっと出てきてほしい）」）（泰伯第八・12）。

しかし、それは中途半端な学問では、実際に現実の世界を動かしていくときに役に立たないからです。実地で生かせないようでは真の学問とはいえません。

だから、孔子自身も、自分の学問を実地に生かしたいと常に思っている。それは、第1章でも見たところです。社会の中でこそ自己実現できる、という孔子の考えは、学問の実践性という点でつながっているのです。

†状況に対応して動く

第三には、合理性がつねに「柔軟性」とセットになっているということです。

これは、先ほどあげた「実践性」とつながっています。

環境や状況というのは、常に動いています。そこで実践的に効果を発揮しようと考えるならば、融通の利かない杓子定規な基準はむしろ非合理的です。筋を通しながらも、うまく状況に対処する柔軟な姿勢こそが合理的と言えます。

特に孔子の塾で考えている「実践」とは、主に政治のことなのですから（ただ、この場合の政治は現代日本で考えられるものよりも、もう少し幅の広いものですが）、柔軟性というのは、ほとんど必須の性質と言えます。

孔子は、「君子は筋《すじ》を通すが、馬鹿正直に小さなことにこだわることはない」（衛霊公第十五・37）と言います。

子罕第九・4には、孔子には、次のことがけっしてなかった、として、「意」「必《ひっ》」「固」「我」の四つがあげられています。

「固」は、「固執」の固であり、固いこと、柔軟の反対にある状態です。「我」は、「我を張る」というときの我、「必」は、「なんでもあらかじめ決めた通りにやろうとする」ことで、やはり柔軟性を欠いたありかたです。

孔子には、そういうことがなかった、というのです。

なお、「意」というのは、「自分の私意で勝手にやる」ことくらいの意味ですから、これは柔軟だったといっても、自分勝手なでたらめではなかった、ということです。きちんと筋を通しているということには注目しておきましょう。

タイミングということも重視します。郷党第十・23で、人の姿を見て、ぱっと飛び上がり安全を確認してまた降りた雉《きじ》を見て、孔子が「〈時〉（タイミング）というものを教えてくれるねえ」と感心したという場面があります。

必要な時に応じて、必要な行動をとっている雉の合理性。ある一定の基準にしたがって行動を決めるのではなく、危険を察知したら去るし、危険がなくなったと思えばまた戻ってくる。時宜《じぎ》に応じた動き、これが柔軟な合理性というものなのです。

それに比べると、弟子の方が頭が固い、ということすらある。

孔子が与えた言葉を弟子が杓子定規にとりすぎてしまって困る、という場面も『論語』には見られます。孔子とすれば、「そういう気持ちでやれ、といったんであって、そのまま額面どおりに受け取られても困る」と言いたいところもあったのではないでしょうか。

一方では、逆に柔軟さを通り越してゆるみすぎてしまう弟子もいる。その結果、筋を見失ってしまう。冉求《ぜんきゅう》は、それで孔子に批判されることになります。

筋をなす根幹の部分と、柔軟に対処する方法、このバランスが肝心なのです。

これは、相撲と似ているかもしれません。

双葉山《ふたばやま》のような大横綱や武道の達人の動きにおいては、足腰、中心軸はゆらがずに、しかし、上半身は相手や状況にあわせて、さまざまな対応を瞬時にしている。激しく動きつつも、中心感覚を失わない腰の下りたやわらかい感じです。

それが孔子の柔軟性と重なってみえます。

†学問と柔軟性のサイクル

では、その柔軟性というのは、どうやって身につけるのでしょうか。

孔子は、はっきり言っています。

「学べば、〈固〉、すなわち頑固でなくなる。」（学而第一・8）

すでに述べたように、柔軟であるためには、まずしっかりとした筋、ブレない軸を持つことが必要です。そのための基準になるのが、「古《いにし》え」の在り方です。堯《ぎょう》・舜《しゅん》・周公《しゅうこう》といった過去の聖人たちを理想として、そこに判断の基準をおく。

ただし、それは大枠を示す指針であって、必ずしも、それに対して原理主義的な忠誠を誓っているわけではありません。個々のケースにおいては、状況に応じてかなり柔軟な判断を下しますし、過去の事例だからといって、それを無批判に信じるわけでもありません。

次の孔子の言葉は、実証主義的な意味での合理性をも感じさせます。

「夏《か》の王朝の礼については話すことができるが、その子孫である杞《き》の国の礼については証拠が足りない。同様に、殷《いん》の礼は話すことができるが、子孫である宋《そう》の国の礼についてははっきりしない。礼の記録も、礼を知っている賢人も不十分だからだ。もし杞や宋の記録が十分にあれば、夏・殷の礼についての私の話を証拠立てることができるのに残念だ。」（八佾第三・9）

そしてもうひとつ、「学ぶことによって柔軟性を身につける」ということと同時に、実は「学び続けるため」にも、柔軟であることが大切な要素になっています。

このふたつの面は、それぞれ切り離せませんし、互いに循環していく構造になっています。学ぶことによって柔軟になる。柔軟になることによって、学びの機会が多くなる。逆にいえば、頑固な人間は、学ぶこともしようとしないし、その結果、ますます頑固になっていく、ということです。

孔子は、他人からよく学ぶことのできる人でした。古の聖人たちを理想としてそれに倣《なら》おうとしていただけではなく、ときには立派でない人からも何かを得るようにしていたようです。

「私は三人で行動したら、必ずそこに自分の師を見つける。他の二人のうち一人が善い者でもう一人が悪い者だとすると、善い者からはその善きところをならい、悪い者についてはその悪いところが自分にはないか反省して修正する。」（述而第七・21）

また、ある人が子貢《しこう》に、「孔先生はどこで勉強したのだろうか」と聞いたところ、子貢の答えは次のようなものでした。

「周の文王《ぶんおう》と武王《ぶおう》の道は衰えたといっても、まだ地に墜《お》ちてはいません。人の心の中に生きています。すぐれた人は、その道の大事なところを覚えており、すぐれてない人でもこまごましたことを覚えております。

つまり文王・武王の道はどこにでもありましたから、先生はそれを学ばれました。先生はだれにでも、どこででも学ばれました。ですから、きまった一人の師の弟子となって学んだというわけではありません。」（子張第十九・22）

そういう意味で言えば、これも弟子の方がかえって、慢心しているというか、学びの機会を積極的に活用しようとしていない。

弟子の子貢の例を見てみましょう。彼は、非常に頭のいい男でしたから、他人の粗《あら》もよく見えたらしく、人をあれこれと批評していたらしい。そのときの孔子の言葉は、「おまえは賢いんだね。私は自分の修養に忙しくて、他人を批判しているひまはないがね」というものでした（憲問第十四・31）。

他人についてあれこれ言うのは、別に悪いことではありません。孔子が、人物批評を行なっている様子は『論語』のあちこちに見られます。けれども、それは、自分がそこから何かを学ぶために行うことであり、自分の賢さを誇ったり、人を貶《おとし》めていい気持ちになるためにすることではないはずです。

†批判に耳を傾ける

学習の機会は、相手の中にだけ見つけるものではありません。他人が自分に対して指摘してくれること。これも、とても重要な学びの機会です。孔子は、自分の発言がまちがっていることを指摘されたとき、「私はしあわせ者だ。もし過ちがあれば、誰かがきっと気づいて教えてくれる」（述而第七・30）と言って喜んでいます。

これはなかなかできることではないかもしれません。自分がまちがっていても、いや、まちがっていることを知っていればなおさら、反発して気分を害するのが普通でしょう。でも、柔軟な心を持っていれば、これもまた「学びの場」としてとらえることができる。そして、そこでの学びによって、さらに柔軟性を身につけることができるのです。それを「幸せだ」と感じられるようになったら、まさしく学びの達人と言えると思います。

とここまで言ってしまっては、「なんだかんだ言っても、孔子はちょっと凡人とは違う。自分はそこまで人間が出来ていないから、とても批判になど耳を傾けられない」と思う人もいるかもしれません。

たしかに孔子は傑出した人間ではあります。しかし、生まれながらの聖人ではなく、人の批判に柔軟に耳を傾けられるようになるには、努力と時間を要したのです。

孔子が自らの成長を述懐した有名な一文があります。

「私は十五歳で学問に志し、三十にして独り立ちした。四十になって迷わなくなり、五十にして天命を知った。六十になり人の言葉を素直に聞けるようになり、七十になって思ったことを自由にやっても道を外すことはなくなった。」(為政第二・4)

四十歳のことを「不惑《ふわく》」、五十歳のことを「知命《ちめい》」というのは、この孔子の述懐に拠《よ》るものなのですが、いま注目してみたいのは、「六十になり人の言葉を素直に聞けるようになった「六十にして耳順《みみしたが》う」」というところです。

孔子にしても、その境地に至ったのは、六十歳になってからだったのです。学問を志したのが十五歳ですから、実に、四十五年の修養を要したことになります。もちろん、それ以前は頑固一徹だった、というわけではないでしょう。

六十という年齢もさることながら、これが「惑わない」(四十)、「天命を知る」(五十)という状態より後に来ているというのもおもしろく感じます。「不惑」も「知命」も、確固たる信念を持ったあり方で、これは一見究極的な境地に思えます。けれども、そこでとどまっていてはいけないのです。

能力の高い人間、成功した人間が、四十、五十になって、「自分のやってきたことは正しかったんだ」と自信を持つ。これは、悪いことではありませんし、世の中にもよく見られることです。

しかし、多くの人はそこに溺れてしまって、それ以上の進歩がなくなってしまう。場合によっては、それが凝り固まってしまって、一種の独善に陥ってしまう。結局は、まわりの人間に迷惑を及ぼして「老害だ」と言われてしまうことになる。

本当は、そこでさらに学び続けることが必要なのです。そうすれば、他人の言葉に素直に耳を傾けられるようになる。

その結果、最後に至る境地は、「思ったことを自由にやっても道を外すことはなくなった「心の欲する所に従えども矩《のり》を踰《こ》えず」」です。ルールが自分の中に内在化している自由人の在り方で、柔軟で筋の通った理想の状態です。

現代日本は、歴史上類を見ないほどの高齢化社会になりつつあります。そんな中で、孔子が示した、柔軟で自由な成熟の仕方は、ひとつの理想像として、十分参考にする価値のあるものだと思います。

この章では、孔子の合理性のありかたを、ひとまず、「非神秘化」「実践性」「柔軟性」の三つの面から見てきました。けれども、ここまでお読みになった方にはすでにおわかりのように、この三つの面はすべてが密接にからみあっています。物事を神秘化せず、柔軟に振る舞うからこそ、現実にしっかり向き合って実践的に行動できる。実践的に、柔軟に物事に対処していくからこそ、無意味な神秘化に頼る必要がなくなる。そういう「つながり」があるのです。

【コラム】孔子を磨いた放浪の旅

孔子の人生は必ずしも順風満帆ではありませんでした。

その晩年には、故郷を離れて、なんと十四年間にもわたる放浪を余儀なくされます。ある人はそれを見て「喪家《そうか》の狗《いぬ》（宿なしの犬）のようだ」と言いました（『史記』「孔子世家」）。

しかし、この苦難の旅は、孔子自身によりいっそうの成熟をもたらしたようにも思います。その人格が下に根をはるようなものになった、という感じでしょうか。この点に関して言えば、孔子は実は、その人格のさらなる完成を求めて無意識的にこの苦難の旅を選びとったのではないか、という気がしてくるほどです。

また、その苦さ辛さというものが『論語』の底に、トーンとして流れていることによって、現在のわたしたちも、そこに一種の共感ができるようになっていることも見逃せません。単に天才的な人間、成功者に憧れるというだけではない、人生の在り方、「運命」の集約された姿を見ることができる。それが、『論語』にさらなる深みを与えています。

孔子の放浪は若い頃の「苦い思い出」ではありません。青年期に、人生の悲哀や寂しさを知り、それを表現するという芸術家や思想家は多いでしょう。たとえば、ピカソの「青の時代」のように。あるいは、壮年に功なり名遂げた人間が、不遇な晩年を迎え、悲惨さのうちにその生涯を終える、というケースも少なくありません。

けれども、苦難や悲哀というのは、必ずしも若いうちにやってくるとは限りませんし、また、晩年になったからといって、それに耐えられないということもありません。孔子の放浪は、そのことを教えてくれるというところにも意義があります。

たとえば、衛《えい》の国を去り陳《ちん》へ行ったとき、孔子の一行は、そこで衛国の大夫《たいふ》によって七日間囲まれてついに食糧がなくなってしまいます。お供の者は飢《う》えて起き上がることもできないほどでした。

弟子の子路はこんな状況に腹を立てて、先生に、「君子でも困窮することがあるのですか」と言います。「なんでこんな目にあうんだ」という憤りが、つい口をついて出たのです。

そこでの孔子の答えは、次のようなものでした。


「君子ももちろん困窮することはある。小人は困窮すると心が乱れて、でたらめなことをするが、君子は乱れない［君子固《もと》より窮す。小人窮すればここに濫《みだ》る］。」

（衛霊公第十五・2）


「困窮している」という現実から目をそらさない。その上で、自分が通すべき筋を示す。実に孔子らしい言葉です。そしてこれが、困窮しているまさにその場で言われていることが、非常な迫力になっています。言葉の「ライブ性」（序章参照）です。『論語』の言葉は、状況にあって語られたもの、というのをこれほどよく示してくれているものもないでしょう。その意味で、放浪の旅の条は、『論語』の原初の姿を彷《ほう》彿《ふつ》とさせるよい例だともいえます。この迫力を他の言葉にも読みこむことによって、それぞれがさらに練られた輝きを持つようになる。

しかし、それにしてもどうしてこんなピンチにあって、ここまで力強い言葉が出るのか。それは、自分がやっていることに対しての強い信念があったからです。

次の言葉は、桓魋《かんたい》という人間が孔子一行に危害を加えようとしたとき、弟子たちに向けて言ったものです。

「天は私に〈徳〉を授けられた。桓魋は私を殺そうとしたが、桓魋ごときが私を害そうとしても天命を受けた私の身をどうすることができよう。」(述而第七・22)

「学ぶ」ことを通して身につけた、自己の在り方、これはどんな窮地にあっても奪われることはありません。そういえば、愛弟子の顔回にもまた、次のようなエピソードがあります。

先生が匡《きょう》の地で人に囲まれ危険にあわれたとき、顔淵《がんえん》(顔回)は先生を見失って、後《おく》れてしまった。ようやく難をのがれ、先生のいるところにたどりついた。先生はこれを喜んで、「死んでしまったかと思ったよ。生きていてよかった。」といわれた。

顔淵は、「先生が無事でいらっしゃるのに、どうしてこの回が死んだりいたしましょうか。」と答えた。(先進第十一・23)

コラムの冒頭で、わたしは、孔子の放浪を「苦難の旅」と言いました。しかし、それはただちに「不幸」であることを意味しません。

愛する弟子たちの前に、自分のすべてをさらけ出して、それでも慕われ続けている、というのはひとつの幸福だったにちがいありません。共通の苦難を通して結束が高まったということもあるでしょう。

そして何より、苦しみは苦しみとして受け止めながらも、なお、筋を外さず、力強く生きることができる人間にとっては、たとえその晩年にあっても、艱難《かんなん》で玉を磨くということが、十分に可能なのです。

第3章 学ぶということ――人生の作り上げ方

†『論語』の底流

『現代語訳　論語』を刊行したとき、私は解説の中で、そのいちばん核になる考え方とは、「学ぶことを中心として人生を作り上げていること」ではないか、と書きました。

これまでの章でも、孔子は学びの意義をどう考えてきたのか、学ぶということはどういうことか、ということについてはあれこれと触れてきました。

というより、孔子や『論語』の話は、結局は「学び」の話につながってきます。他のどんな話題の底にも「学び」の大切さが流れていて、それなしではそれぞれの話がそもそも成り立たないほどです。

ここではまた少しあらたまって、孔子の言う「学び」について、じっくり考えてみたいと思います。

†使えなくては意味がない

『論語』での「学び」というのは、一言で言ってしまえば「技の習得」です。

では「技」とは何かというと、まず第一に、それは使えなくてはならない。

次に、使うためには、身につけなくてはならない。

そして、身につけるためには、時間をかけなければならない、ということです。

具体的には、まずスポーツや武道をイメージしてもらうのが、まちがいがないかもしれません。口先だけでいくらうまいことを言ったとしてもそれだけでは無意味、という世界です。それに、どんなに才能のある人間でも、技は地道な練習や訓練を抜きにしては絶対に身につかない、というところも同じです。

子貢《しこう》が孔子に、「私は人にやられていやなことは、人にはしないようにしようと思っています」と言ったときのことです。孔子の答えは次のようなものでした。

「子貢よ、それはおまえにできるようなことではないよ。」（公冶長第五・12）

一見すると、かなり冷たい言い方のように思えます。

もちろん、孔子自身も、子貢が言っている内容には賛成のはずです。

ほかならぬ子貢が「ただ一つの言葉で一生かけて行なう価値のあるものはありますか」と聞いたときの答えが、まさに「それは〈恕《じょ》〉だね。思いやりということだ。自分がされたくないことは、人にもしないように「己の欲《ほっ》せざる所を、人に施《ほどこ》すことなかれ」」（衛霊公第十五・24）だったのですから。孔子自身も、子貢に「これを目指せ」と言っているのです。

にもかかわらず、なんでこんな一見意地悪な言い方をするのか。

これは、「おまえ程度には到底不可能だ、できっこない」と言っているのではありません。「素質がないから努力しても無駄だよ」というのは、孔子の思想からいちばん遠い考えでしょう。

ここで言っているのは、「おまえはそれをちょっと軽く見すぎているんじゃないのか？」「一つの徳目をきちんと身につけるということは、一生をかけてやっていく、そういう修行なんだよ」ということなのです。

それを、「仁ってこういうことか」「義とはこういうことね」と簡単に理解し、身につけたつもりになってしまわれては困る。だから、「口先だけでは無理だよ」というキツい言い方をするのです。

†心を作りあげるということ

スポーツや武道の「技」というのは、身体の運動ですから目に見えます。「身についたか／ついてないか」を判定するのは比較的容易です。

しかし、「心」というのは、それ自体ではなかなかとらえどころがない。「徳」が身についているかどうかを判断するのは、それこそ非常に難しい。

孔子の学問が画期的だったのは、それをスポーツや武道の「技」のように、身につけられるものとしてきちんと対象化したこと、そしてそれを身につけるための「マニュアル」を作り上げたことです。これは本当にすごいことなのです。

心といえば、現代人は何のことだかわかっているような気がしています。心を対象とする心理学という学問もあります。

けれども、人類史を振りかえって考えてみると、人類も最初期の段階では心という概念を持っていないのです。

第一、「心って何だろう」とは考えたりもしない。

「心の働き」はある。ですから、食べ物、異性、寝床、権力などを欲しがるということはある。泣いたり、悲しんだり、笑ったりはする。でもそれは、心というものがどういうふうに成り立っていて、それをどうやって構築していくのか、という観点があるのとは別の話です。

「心とは何か」「どうやって心を作っていくのか」というのは、なかなか自然には出てこない発想だろうと思います。

安田登氏の『身体感覚で『論語』を読みなおす。』（春秋社、二〇〇九年）によると、孔子が生きていた春秋時代には、「心」という字はまだ出来て新しかった、また、心がつく文字グループ（今では数限りなくありますが）も少なかったそうです。

ところが、『論語』ではその重要性を認識している。

では、『論語』で考える「心」というのはどういうものかというと、それは喜怒哀楽に代表されるような感情というのとは、ちょっとちがいます。

「反省する対象」そして「作っていくもの」というニュアンスが強いものです。感情のように、「そこにあるだけ」のものではないのです。

そして、心という対象を作っていくという土台の作業になるのが、「学ぶ」ということなのです。

こうして、学ぶことを基礎にして心を作り上げていくことによって、それが身につけられるものになる。身についてはじめてそれが「使える」ということになります。

〈知〉〈仁〉〈勇〉といった徳目も、この徳目を土台にして立てられる柱のようなものです。

仁は徳目の中でも一番高くて中心になる柱、大黒柱です。ですから、仁がしっかりしていないと、他の徳はしっかりと立ちません。勇や知ばかりが突出していては、非常にバランスの悪い建物になってしまう。

それはまったく正しいのですが、注意しておきたいのは、仁自体もやはり柱ではあるのです。ですから、土台である学びを絶対に必要とする。

仁については、またあとで述べたいと思いますが、孔子は、仁を生まれつきの徳とは考えていません。

もしかしたら、生まれつきそれを備えている人もいるかもしれないが、それはあくまでも例外であって、基本は学んで至る境地です。学びという土台なしには、仁だってそもそも作り上げようがないだろう、というのが孔子の考えなのです。

土台としての学びと、柱としての徳目、これがあることによって、「心」を、自分自身を作り上げていくことが、この上もなく明確になりました。

柱は柱で、それぞれがバランスよく立っていなくてはならない、というのも、このたとえを使えば理解しやすくなると思います。一本だけ、ぐーんと伸びている柱があっても、それは長所どころか、かえって邪魔です。

ちゃんとした建物を作っていくためには、それぞれのバランスが重要だ、ということが見えてきます。「徳は孤《こ》ならず。必ず鄰《となり》あり」という言葉を、このたとえの中でもう一度訳しなおしてみれば、「柱は一本だけ孤立させて立てるものではない。必ず他の柱とバランスをとって立てるものだ」ということになるでしょうか。

こうして孔子は、「心」の作り方をこの上なく鮮やかに提示しました。そして、これは凡人にも理解でき、実際にやってみることのできる方法でもあったのです。

また、「学ぶ」ことがどうして重要なのか、なぜ「学ぶことを中心にして人生を作り上げる」ことができるのか、をこれほど見事に示した教育者も、おそらく他に例を見ないと思います。

†心は内面だけではない

このように孔子の考える「心」は、「それぞれが作り上げていくもの」「実際に使えるもの」ですから、それは、どうしても一個人の内面だけに閉じ込めておけるものではありません。

「学ぶ」というのは、自分の外から情報を得て、それを取り入れていくことです。また、「使う」というのは、実際に、社会の中でそれを生かしていくということです。

そうすることによって、たとえば「祀《まつ》りごと（政）」をどうやって行なうべきか、という行政的な問題と、自分自身がどうやって生きていくかという、人生の在り方の問題がリンクしていきます。

いや、リンクというか、それはそもそも切り離すことのできない同じ事柄のふたつの側面と考えるべきかもしれません。

『論語』を読むと、行政上の判断に対して「道がわかっていない」「仁が足りていない」というような表現がよく出てきます。現代であれば、個人道徳と行政上の問題は別ではないのか、と思いがちですが、実はそうではないのです。

「心」は内面だけでは存在しません。行動で、それも個人的なだけの行動ではなく、状況の中で社会に責任を持つ形で示されなければならない。「思っているだけ」では価値を持たないのです。

子貢が、「人に迷惑をかけないようにしたい」と言って、孔子に、「おまえには無理だよ」と言われたのも、「思っているだけで事足りていると考えているようでは、それは到底実現できっこないよ」という意味でした。

もちろん、自分の「心」の判断が、社会と結びつくと言っても、それが独善に陥ってしまっては困ります。

そこで、個人や社会をさらに大きく包み込む存在として、〈天〉とか〈命〉とか〈道〉というものが出てくる。

これは、歴史意識といってもいいですし、宗教的な感覚といってもいい。個々の人間や個々の社会を越えたより大きな基準です。

孔子は神秘的なことを語らない、と言いましたが、〈天〉については、ときどき強い口調で言及します。これは、別に神秘的な存在ではありません。個人と社会をつつみこみながら、いちばん大きな観点、意識から、それがどうあるべきかをチェックするものです。

そして、その大きなところにしっかり支えられているという意識があれば、信念を持った行動もできる。

こうして、「心」は、いわば「内面的な心」と「自分をとりまく社会」と「個人と社会を包み込む大きな意識」の三位一体となって考えられているのです。

†型とオリジナリティ

さて、「学び」の話に戻ります。

『論語』には、学びの重要性を説く、次のような言葉があります。

「私は以前、一日中食べず、一晩中眠らずに考え続けたことがあったが、むだだった。学ぶ方がいい。」(衛霊公第十五・31)

「ひとりで考えるのはあまり効果がない」という言い方をしています。これはいまの私たちが聞くと、ちょっと逆説的に聞こえます。

いまはむしろ、逆の言い方のほうが流行っています。

「学ぶのもけっこうだけど、自分の頭で考えることの方が大切ですよ」。これなら、理解しやすいというか、「なるほど、そうだよね」と思う。でも、孔子は「学ぶ方が効率いいよ」と言います。

これはもちろん、「思う＝考えること」の重要性を否定しているわけではありません。

実際、次のような言葉もあります。

「外からいくら学んでも自分で考えなければ、ものごとは本当にはわからない。自分でいくら考えていても外から学ばなければ、独断的になって誤る危険がある「学んで思わざれば則《すなわ》ち罔《くら》し。思いて学ばざれば則ち殆《あや》うし」。」（為政第二・15）

孔子は〈中庸《ちゅうよう》〉の人ですから、ここでも、そのバランス感覚は生きている。両者は矛盾するものではなく、お互いに補完しあうものなのです。

しかし、その上であえていうとしたら、まずは「学ぶ」の方が大切なのです。

これも、この章のはじめでも言いましたように、孔子の考える「学ぶ」を、まずはスポーツや武道のような、身体的な技能のような意味での「技を身につける」ものだと考えるとわかりやすいでしょう。

スポーツや武道では、かなりの部分まで効率のいいやり方、優れた動きというのが、型として決まっています。

野球でも、柔道でも、最初からオリジナルな投げ方、技を身につけようとしても、それはただヘンなクセがつくだけのことで、結局はものになりません。現代のわれわれは、孔子のことを「思想家」だと思っています。それはまちがいではありません。けれども、それを「オリジナリティ」を追求して、まったく新しく創造的なことを思いつく人」と考えるのならば、ちょっと的外れです。

孔子自身、こう言っています。

「私は、古《いにし》えの聖人の言ったことを伝えるだけで創作はしない［述べて作らず］。私は、古えの聖人を信じて、古典を大切にしている。かつて殷《いん》の時代に老彭《ろうほう》という人がいて古人の言ったことを信じて伝えた。私もひそかにこの老彭に自分をなぞらえている。」（述而第七・1）

もちろん、こういう態度で、古の聖人のようになろう、それを述べ伝えていこう、としてあれこれと試行錯誤を積み重ねていく上で、結果としてオリジナルなもの、新しいものが生まれるということはあります。

実際に、いま歴史を振り返ってみてみると、孔子というのは、儒教の、いや東洋の思想史上でも、たいへんに画期的な人物です。ここで新しい何かが生まれた、はじまった、と言われていますし、私もそう思います。

けれども、それは新しさを目的としていたわけではありませんし、それよりも、まず目指すべきものが設定されていて、それを追求していく上で生みだされたものなのです。スポーツや武道でも、新しいプレイスタイルや新しい技が、歴史の中で登場しますが、それに近いでしょうか。

お手本はどこにあるのか

さて、このようなスタイルの「学び」をするときに、必要になるのは、目指すべきものであり、「お手本」です。

お手本には、いろいろなタイプのものがありますが、まずひとつは、古典的な教科書です。『論語』に出てくるものでいえば、『詩経《しきょう》』や『書経《しょきょう》』がそれです。

次は、「人」です。

『論語』では、人物批評が非常に多いのですが、これはやはり、優れた人物を自分たちのお手本にしよう、という意識が強いからだと思います。

また、「より善い生き方をする」ということを目標にする場合は、「人格」「生きた人間そのもの」の方が、大切なものを失うことなく伝えることができる、というのは序章でも触れたところです。

ただし、批評といっても、それはそこに「手本」を探して学ぶための手段ですから、批評のための批評のようなことをして得意になっていてはいけません。

子貢はあるとき、人物批評をしていて先生にいやみを言われていますが、これは、自分がそこから学ぶという目的を持たないものだったからだと思われます。

お手本の第三のタイプは、〈礼〉です。

礼は、まさに「型」です。こういうときにはこうしろ、こういう場合にはこうすべきだ、といった行動の在り方が、ちゃんと定められている。それは、いちいち自分で考えて作り出すものではありません。

礼については、まだまだ言うべきことがありますので、それはまた章を改めたいと思います。

このように「お手本」として、〈詩〉や〈礼〉や「人物」がある、ということを述べてきましたが、もうひとつ、見落としてはならない要素があります。

それは、先生の存在そのものであり、その先生が弟子に与える言葉です。

孔子は、それぞれの弟子に応じて言葉を変えた、ということは、序章でも述べました。

そのほかに、もうひとつ特記しておかねばならないのが、その言葉の「置き方」です。

孔子の言葉は、その状況、状況でピタッとはまるというだけではなく、長い時間をかけてますます効いてくる、そういうタイプの力を持った言葉です。

言葉自体は、そんなに長々としたものではないけれども、本質的な事を射抜いている。

弟子はそれを受けとって、大事に自分のものにする。ある弟子は、先生の言葉を聞いて、それを忘れないように自分の帯に書きつけて、一生の宝にする。

宝と言っても、ただ、大切にしまっておくわけではなくて、砥石《といし》のように自分の心を磨くのにずっと大切に使うというイメージです。

その言葉を身につける時間は、おそらく、三年や五年といった単位ではないでしょう。

十年、二十年である程度達成できる、それくらいのタイムスパンを持った言葉、そういう言葉をそっと置く。

それが、「学びの道筋」をつけてくれるのです。

弟子にとっては、現在の自分と、その達成すべき言葉の間には、ズレがあるけれども、そのズレを埋めていくような感じで、少しずつ少しずつ理想に近づいていく。本質的な言葉というのは、それだけ身につけるのに時間がかかります。

けれども、そこで焦って、あんまり多くの言葉をばーっと詰め込もうとしても、それはかえって逆効果ということになりかねません。

武道の稽古でも、ひとつの技を教えるとき、それを身につけるまでは他の技を教えない、ということがあります。

中島敦に『名人伝』という作品があります。

弓の名人を題材にした一種の寓話のようなものなのですが、この作品の中では、弓を教えるのに、まずは瞬《まばた》きしないことを訓練させる。奥さんが機《はた》を織っているところに横たわって、それが忙しく動いているのを見ても、瞬きしないようにする。まずはそれだけをやらせる。これに二年かかります。

それが終わったら、今度は髪の毛で虱《しらみ》を吊るして、それを見つめる訓練をする。虱が馬のように見えるまでがんばる。それに三年をかける。

そんなペースで進めていたら、一生かかっても弓を射るところまで行かないじゃないか、と思いそうなところですが、そうではありません。「目の基礎訓練に五年もかけた甲斐があって紀昌《きしょう》（主人公の名前）の腕前の上達は、驚く程速い」と、小説にもちゃんと書いてあります（その後、この小説がどう展開していくのかは、ぜひ読んで確かめてみてください）。

もちろん、これはお話ですし、しかも、ここの描写は非常にコミカルなのですが、武道の訓練にはたしかにそういう一面があります。

現代の例もあげておきます。

以前、柔道の野村忠宏選手と対談したことがあります。

そのとき、野村さんが次のように言ったことが印象に残っています。

「とにかくしっかり組んでしっかり投げる。自分の場合は、とりわけ背負い投げ。それを徹底してやる。勝ったり負けたりというのは、小さいころからあったけれども、それにとらわれないで、とにかくしっかりと背負いに入る。そして、その背負いというものさえ、しっかりできていれば、あとはもうひとつふたつの技があるだけで絶対に相手を倒せる。自分の技は負けないんだ、という強い気持ちが持てる。そういう練習をしてきた」

それは、ひとつの技を五年、十年、二十年と磨きぬくことです。いちばん基礎的なことをずっと反復してそれを身につける。それで世界のトップに立ち、五輪金三連覇という偉業をなすことができたのです。

なにかひとつの「技」、ひとつの「言葉」、ひとつの「徳目」を身につけることは、それ自身を自分のものにすることであると同時に、正しい学び方の方向性を、ブレずに持つことでもあるのです。

†学びの回路に入る

すでに述べたように、与えられる言葉や徳目は、新しいものである必要はまったくありません。

西洋文明の流れの中でできた近現代の学問を学んでいると、学問の目的は、なにか新しいものを発見することだ、と思いこんでしまいます。

もちろん、現代の科学的な学問はそれでいいのですし、その遠い源泉である古代ギリシャのように真理を「新しい認識」ととらえるのも、人類にとって大切な考え方です。

けれども、孔子の学問では、「何が大事なのか」をあらためてイチから考えなおすことはしません。大事なのは何かはもうわかっているのです。それは、古《いにしえ》にすでに見つけられ、いまのこの世にきちんと伝えられている。

孔子は、そこに方向性を示すような一言を与えます。弟子は、それを肝に銘ずる。内臓に刻みつける。そういう関係がありました。

ただし、「目指すべきものがちゃんとわかっている」「先生が学びの道筋を与えてくれる」とは言っても、それだけで目標に到達できるわけではありません。学ぶというのは、消極的な受け身の態度ではないのです。いちばん重要なのは、本人の学ぼうという気持ちです。

孔子は、「朝《あした》に道を聞かば、夕べに死すとも可なり」と言っていますが、「道」（真理）は自分で発見せずとも、「聞いて」得てもよい。ただし、その場合、それを聞けたらすぐに死んでもいい、というほどの情熱は必要なのです。

学ぶためには主体性が何よりも重要だ、ということは、孔子も『論語』のあちこちで繰り返し繰り返し言っています。


「人が成長する道筋は、山を作るようなものだ。あともう一かごの土を運べば完成しそうなのに止《や》めてしまうとすれば、それは自分が止めたのだ「止むは吾《わ》が止むなり」。それはまた土地をならすようなものだ。一かごの土を地にまいてならしたとすれば、たった一かごといえど、それは自分が一歩進んだということだ「進むは吾が往《ゆ》くなり」。」

（子罕第九・19）

先生は、弟子の学問の手助けはできるかもしれませんが、その人にかわって学問をしてあげることはできません。現代の自然科学なら、「誰かがやった成果」は、他の人でも利用できます。しかし、いままでのべてきたように、孔子の考える学問はそういうものではありません。

だから、学ぼうという意欲を持ってない人間に対して言葉を与えても、意味はない。

「わかりたいのにわからず身もだえしているようでなければ、指導はしない「憤《ふん》せずんば啓《けい》せず」。言いたくてもうまく言えずもごもごしているのでなければ、はっきり言えるように指導はしない。四隅《よすみ》のあるものの一隅《ひとすみ》を示したら、他の三隅《みすみ》を推測してわかるようでなければ、もう一度教えることはしない。」（述而第七・8）

素質的には、ほとんどどんな人間にも、向上の可能性を認める。けれども、やる気がない人間はどうしようもない。

孔子が求める「やる気」のレベルは非常に高いと言っていいと思います。弟子は数多いのですが、「学を好む」という言葉を許したのは顔回《がんかい》くらいのものでした。逆にいえば、それだけ、肝心なものであり、すべての土台になるものだと考えていたということです。孔子は、自分の能力や徳目を自慢することはありませんでしたが、しかし、学問への意欲は誰にも負けないと考えていたようです。

「十軒ばかりの村にも、私くらいの忠信の徳を持つ性質の人はきっといるだろう。ただ、私の学問好きには及ばないというだけだ。」（公冶長第五・28）

私たちは、学を好むことにおいても、孔子には遠く及ばないかもしれません。けれども、『論語』を読んでいると、その意欲にいわば感染し、学への意欲がかき立てられる。『論語』は、学の意義を説くだけではなく、その意欲も注入してくれる書物なのです。

【コラム】東洋の対話と西洋の対話

およそ二千五百年前、中国で『論語』の基になった対話がかわされていたころ、ギリシャでは、プラトンによって、ソクラテスを主人公にした対話編とよばれる書物が、次々と書かれていました。

プラトンの著作は、西洋世界にとって、『聖書』と並ぶ古典ですが、それが、『論語』と同じく「学ぶことの意義」を説き、また、「対話」というスタイルで書かれていることは、非常に興味深い一致です。

ところで、このふたつの大古典には、共通点とともに、それぞれ異なっている部分があります。ここでは、その異同に注目して、そこから、西洋と東洋の学問の在り方について、少し述べてみたいと思います。

孔子も、プラトンが描くソクラテスも、目指しているのは「真理」です。そして、その場合の「真理」というのは、自然科学的な意味での事実ではなく、「人としてよく生きるとはどういうことか」という問題に対する回答です。

そして、その真理を追求するのに、対話が重要な役割を果たしていることも共通しています。

一方、両者を読み比べてみると、すぐ気付くのは、『論語』が短い断片で構成されているのに対して、プラトンの著作は非常に長くボリュームがある、ということです。『国家』や『法律』といった大作になると、『論語』全体よりもはるかに分量があります。

これは、『論語』とプラトンが、そもそもまったく異なるプロセスを経て生み出された書物である、という事情を考えれば、不思議なことではありませんが、私の実感としては、やはり、もともとの対話のスタイル、というか、物事を探究する意識自体に差があるように思います。

『論語』のスタイルについては、本書の主題ですし、すでにあちこちで述べているとおりですが、対話といっても、多くは一、二回のやりとりで終わりです。弟子が質問する。先生がそれに応える。これが基本で、弟子はそこで受け取った言葉を自分の中で育てていく。

ところが、プラトンの著作では、一回質問して、一回答えて終わり、ということはありません。実に長大な議論が続きます。

それは時に、演説にも発展します。『饗宴』という作品では、祝賀会の宴席上で、恋（エロス）とは何か、というテーマに対して、さまざまな人たちが持論を長々と展開し、主張します。それも、お互いに競い合うような感じですね。一方、『論語』で、顔回や子路《しろ》や子貢たちが、「仁とは何か」について、それぞれ演説する、という情景はとても想像できません。

また、多くの対話編で使われる設定は、ソクラテスが、何かのテーマについて、どんどん質問を繰り出していく、議論をすすめていく、というものです。ソクラテスというのは、徹底的に質問をする側に立つのです。

たとえば、「美とは何か」という問題があるとすると、ソクラテスは、「自分は美とは何か全然知らない」と言います。一方の対話相手は、「美とは何か」というのを知っているような気でいる。

そこで、ソクラテスは、「あなたは、美とはこういうものだ、というけど、それに対してはこういう疑問がある。これはどう解決するのか」という具合に、どんどん質問をしていく。相手は、質問に答えていくうちに、行き詰まってくる。結局は「ああ、すいませんでした。最初に『美とはこういうものだ』と言っていた私の考えはまちがっていたかもしれませんね」というところまで追い込まれる。

実はソクラテスの目的というのは、相手をそういう立場にまで至らせて、相手を反省させることにあるのです。自分自身で主張したい明確な思想内容というのは、ないのです。ただし、そうやって相手をいじめて楽しむのではなくて、重要なのは、自分が無知であることの自覚（無知の知）であり、そこから生まれる知への愛（フィロソフィア）なのだ、と考えている。

まず、ここで孔子の立場とは、ちがいが見えます。

孔子の場合、「目指すべきもの」は、すでにどういうものであるかは決まっています。「仁とは何か」と考えることはあっても、いろいろ考えた結果、仁とは何かが、かえってわからなくなってしまった、という結果に至ることはありません。そこまで突き詰めたことはしない。

すでに述べたように、『論語』では、追求すべきものは明らかで、問題は、それを求めるための「回路」にどうやって入っていくか、どうやってそこからそれずに歩んでいけるか、ということです。

それに対して、ソクラテス、プラトンが追い求めるのは、かなり徹底した意味での「認識」です。

「よりよく生きること」という最終目標は同じなのですが、「身につけるためのあれこれを工夫する」のか、まず「徹底して認識する」ことを目指すのか、それによって思想のタイプが変わってくるのです。

また、ソクラテスが、議論の中でとった立場、「相手を矛盾に追い込んで、そこからより高い立場を導き出す」というこの方法は、以降、西洋の伝統になっていきます。

近代哲学の大物、ヘーゲルは、この伝統的な方法を洗練された形で定式化し、自分の哲学の主要な方法論としました。「弁証法《べんしょうほう》」です。

弁証法では、まずなにか主張する内容を立てます（正：テーゼ）。それが完全に真理だ、と言えれば、それはけっこうですが、そういうわけにはいかない。それに反対する主張が出てくる。これがアンチテーゼ（反）です。

そして、この矛盾するテーゼとアンチテーゼを戦わせて、テーゼでもアンチテーゼでもない、より高い立場（合：ジンテーゼ）を導き出す。こういうしくみになっています。

こういう知的伝統があるのです。これは、ヘーゲルまでで終わったわけではなく、現代の西洋社会にも、かなり深いところで生きている発想です。

ですから、西洋的な考え方では、議論というのは悪いことではないし、反対する、アンチテーゼを出すことも悪いことではない。そこで生まれる「矛盾」さえもある意味では歓迎するのです。矛盾はエネルギーになる。矛盾があるからこそ、そこから一段高い認識が生み出されるのだ、ということになるのです。

『論語』の方法論とはちがいますが、現代日本は、一方すでに西洋的な伝統の中にも生き、それを無視することはできない流れの中にあります。

どちらがいい、ということを安易に判断することはできませんが、異なる伝統があり、それぞれに古典の英知が潜んでいることは知っておくべきでしょう。

第4章

人間の軸とは何か——〈礼〉と〈仁〉

†要の徳目

本章では、『論語』から、ふたつのキーワードを選び出して、それについて述べたいと思います。

それは、〈礼〉と〈仁〉です。

ほかにも重要な徳目や、大切な概念は多いのですが、まずはこのふたつをきちんと押さえておくと、『論語』を読む上で大事な〈筋《すじ》〉の部分が見えてくるはずです。

†形式の強み

まず、前章でも、少し触れた〈礼〉についてです。

礼は、現代ではもっとも廃《すた》れかけている徳のひとつではないかと思います。

しかし、これは依然として文化の基本でもあります。小学校・中学校では、授業のはじまりと終わりに、起立し、礼をします。

柔道や剣道といった武道でも、勝利して別れ際、相手に見せつけるようにガッツポーズをする、ということはまずありえません。やったら顰蹙《ひんしゅく》を買います。

このような礼を尊重する文化の大本を探っていくと、東洋では結局のところ、儒教、『論語』の世界に行きつきます。

現代では、礼のイメージはあまりよくないかもしれません。そのときよく指摘されるのが、「礼は形式的だ」ということです。つまり、「形だけにとらわれて本当に大切な何かを失いがちになる」という批判です。

この批判には一理あります。というより、孔子自身もこのことに非常に自覚的でした。これについても、あとで触れます。

しかし、礼の強みというのは、実はそれが形式的であることにあるのです。

「内面的な気持ちこそが重要だ」というのは、たしかにそのとおりです。けれども、心の中で起こっていることは、それだけでは誰にも伝わりません。

また、それぞれが自分勝手なスタイルで外に表現したところで、それはやはりみなに通じるものにはなりません。ある決まった形、フォーマットがあるからこそ、それにしたがって、「内面」を伝え、表現することができるようになるのです。

逆に言えば、形式の目的は、内面の「心」を伝える、ということです。ですから、「心がこもっていない形式」というのは意味がありません。

礼というのは、ひとまずは、「心のこもった形式」と考えていいと思います。

さらに積極的にいえば、「形式を通すことによって心がこもってくる」という効用も期待できます。

スポーツを例にとって考えてみましょう。

たとえば、テニスの試合です。負けてどんなに悔しくても、ゲームが終われば相手と握手しなくてはいけません。そこでは、自分の悔しい気持ちをぐっとおさえて、握手する。すると、不思議なことに、「負けは負けだ」というように、自分で負けを受け入れることができるのです。さらにはそこに、「充実した時間をともに過ごすことが出来た」という感謝の念も湧いてきたりします。

これは、おそらくテニスに限ったことではないでしょう。

少年野球では、試合の後に、まずは相手チームの監督のところに挨拶《あいさつ》に行く。それが終わると、次は自分たちの監督、そして応援してくれた人たちに感謝する。あるいは、ラグビーのノーサイド。ボクシングで、互いを抱擁してのたたえ合いなどを考えてもいいでしょう。

そうすることによって、負けた悔しさや、勝って高ぶる気持ちを、あまりこじらせないように上手にコントロールする。

自分ひとりの心の中でだけでは、その自分自身の心ですらも、十分うまくは制御できないものです。それを一回「礼」という形式を使って外に出す。そうすることによって、心がすっと落ち着く。

そして、このようなとき、礼には一定の強制力がある、というのにも有効性があることがわかると思います。人間には、実際に「やってみる」前に、なんだかんだと言い訳を用意して行動に移さないケースが多いものですが、そこできちんと行動させる力が「礼」にはあるのです。

靴を整えれば心も整う

また、もうひとつ重要なのは、「形」にしてしまえば、それが誰にでもできるようになる、ということです。正確にいえば、誰もが「学んで習得できる」ものになる、ということです。

ただ単に「きちんとしろ」と言われても何をどうすれば、「きちんとした」ことになるのかはわかりません。けれども、「こういう姿勢でいろ」というのであれば、実際に目に見える形で示すことができますし、やってみさせた上でチェックすることも修正することもできます。

森信三というすぐれた教育者がいました。

彼は、まず、小学一年生に「腰骨《こしぼね》を立てる」ということを指導します。こうやって、まず身体的な型を覚えさせる。

また、「靴を揃《そろ》える」ということを、徹底して指導する。

ちょっと考えると変な感じがします。「靴を揃える」というのが、そんなに重大な教育上の原則になりうるのでしょうか。あまりにも瑣末《さまつ》なことに思えます。もっと大事なことがほかにいくらでもあるのではないか。

ところが、靴を揃えられるようになると、ほかのことも整ってくるのです。逆に言えば、靴が整わないうちは、なにをやってもダメなのです。

これは、なにか細かいことに形式的にこだわるのがいいのだ、ということではありません。世の中には、本当につまらない規則というのもたくさんあります。やはり、本質的なところ、重要なところをびしっと押さえたものでなくては効果は出ません。

「靴を揃える」という一見瑣末な行為を選び出す上で、どれだけの工夫が隠されているか、見ていきましょう。

まず、「靴を揃える」という行為自体は、「よいこと」だということです。靴がきれいに揃っていて嫌な気分になる人は誰もいません。人に迷惑をかけたり、何かを損なったり、というものではダメです。

次に、これが、「簡単なこと」だということです。そして、簡単であるにもかかわらず、「実はなかなかできない」ということです。動作としては、誰にでもできる。そこに難しい技術などは要りません。しかし、これを習慣として身につけている子供は、意外に少ない。なかなかできないことです。このふたつの要素があるということ。

また、これが「靴を脱いだ後」の動作だということも、ポイントです。靴を揃えるときには、必ず、「靴を脱ぐ」という自分の動作を反省することになる。

さらには「靴を整える」という行為が「心を整える」ということの練習になっていること。「整える」という形でのつながりがあります。

そしてそれが、非常に身近で常に行なっている行為だ、ということも重要です。靴を脱ぐ場面というのは、しょっちゅうあります。これがたとえば、「表を掃除する」とか「お正月にこれをする」ということになると、回数は少ない。ところが、靴を脱ぐというのは、学校でも、自宅でも、塾でも、友達の家に遊びに行ったときでも、至るところに機会がある。特定の場面でなく、全体の習慣として身につくのです。

孔子の礼というのも、何も大きな国家的儀礼だけと考える必要はありません。身近な、しかし、ポイントを押さえたところから、身につけていく。そして、実際にその効用があらわれてくるものだと思います。

†心が整えば社会も整う

ところで、礼というのは、もちろん個人の心だけにかかわるような問題ではありません。「人の心」の話でもありますが、それは同時に「社会の安定」にもつながってくるのです。個人の心がきちんとしていれば、社会もきちんとする。一方、社会が乱れると、もう人々の心も乱れる。互いに循環する関係です。

たとえば、学校の授業において、はじめに、起立して礼をする。これは、もちろん、ひとりひとりの心を整える働きを持っていますが、それだけではありません。そこには、先生も生徒も、「これからの時間を神聖なものとして、大切に扱いましょう」というひとつのまとまった意識が生まれる。これが秩序です。

『論語』では、人間関係の基本が礼儀にある、という考えがベースになっています。

そしてこれは、実は今日でも根っこのところでは、変わっていないのです。

挨拶のことを考えてみます。挨拶ができる／できない、ということは、いまでも人間を評価する基準のひとつになっています。それは、挨拶が礼の基本だからです。

「おはようございます」という言葉自体には、それほど深い意味があるようには思えないかもしれません。しかし、これは言葉の内容よりも、そのように声をかけ、適切な姿勢をとることで、相手を、そして相互の関係を尊重する、ということをはっきりわかる形で表現することなのです。

だから、挨拶によって、人間関係が整う。そして、社会というのは、つまるところ人間関係の束なのですから、ひいては社会が整うことになる。

「無礼講《ぶれいこう》」という言葉があります。「この場では、お互いに、堅苦しい礼儀などを気にすることなく振る舞おうじゃないか」という意味合いで使われる言葉ですが、これは非常に危険な言葉でもあります。

実際に、私の知人に、「無礼講」という言葉を本気で受け取ってしまって、上司の頭をぺたんと叩いてしまった人がいます。それ以来、上司との関係が、非常にぎくしゃくしてしまった。礼を失すると、どういうことになるか、どういう人格の持ち主と思われるか、ということは、非常に慎重に考えなくてはなりません。礼はそれほどの重みをもったものなのです。

孔子も、社会秩序を保つということを非常に重要視していました。

斉《せい》国の景公《けいこう》が先生に政治についておたずねになった。先生がこう答えられた。「国が治まるには、それぞれが自らの道を尽くすのが肝要です。いわば『君、君たり。臣、臣たり。父、父たり。子、子たり』ということです。」（顔淵第十二・11）

その背景には、春秋《しゅんじゅう》時代の中国の社会が、非常に乱れていたということがあげられるかもしれません。

当時の歴史的事実が書かれた『春秋』という書物を読むと、家臣が君主を殺すような話、尊重すべき周《しゅう》王朝をないがしろにする各地の諸侯の話が、数多くでてきます。国や政府といったものが安定した形をとれない。したがって、まともな政治をすることが難しい、そういう状況だったのです。

しかし、それはむかしの中国の話であって、現在では、それほどまでに秩序を重視する必要はない、と言えるでしょうか。

スターリンやナチスによる史上最大級の虐殺があったのは、二十世紀です。アフリカなどでは、現在もほとんど政府が機能していない、無秩序状態の国があります。孔子の時代と比べて、秩序がきちんと機能していると単純に言えそうにありません。

というより、人間の社会というのは、常に注意し努力していないと、あっという間に無秩序に落ち込んでしまう、そういう危険性をもったものだ、と考えた方が実情に近いのでしょう。

にもかかわらず、日本では教育の現場においても、礼の重要性の認識というのはだんだんに衰えてきました。「学級崩壊」という現象が問題になっていますが、礼による秩序の維持という考え方をおろそかにしていれば、こうなってしまうのも、ある意味まったくおかしなことではありません。

法治国家とはいっても、法だけで秩序は保てません。「学級崩壊」を法律で何とかしようと考える人はいないでしょう。礼は、いまでも、社会の中で大きな役割を担いうるものだ、と私は思います。

†礼の根本にあるもの

ところで、礼をきちんと機能させていく上で、重要な問題は、それが形骸化しないように、しかし、ちゃんとした形式が保っていけるようにどうやってバランスをとっていくのか、ということです。

現代日本人は、礼なんてたんなる形式じゃないか、形式的な部分なんてどんどん取り去ってスリムにしてしまえ、と考えがちでしょうが、ことはそう単純ではありません。

儀式や儀礼といったものには、「これは必要ないんじゃないか」「これもたんなる形式だ」というように考えていくと、どんどんどんどん簡単なものになってしまって、結局は形をとどめなくなってしまう、といった危険性があります。

たとえば、成人式で、国家斉唱はいらないのではないか。市長の挨拶も必要ないだろう。来賓祝辞も、別になくてもかまわない。とそんなふうに考えて、式をシンプルにし続けていくと、その式自体がなくなることにもなりかねません。

『論語』でも、こういう話があります。

孔子が活動していた当時、かつてあった「告朔《こくさく》の礼」というものが、もはや行なわれなくなっていたのですが、それでもその礼の名残《なごり》として、羊をいけにえに捧げることだけは続いていました。

いわゆる「合理主義者」で賢い子貢《しこう》は、これを無益なことだと思い、やめようとします。しかし、孔子はこう言いました。

「子貢よ、おまえは羊を惜しがっているが、私はその〈礼〉が失われることの方が惜しい。」（八佾第三・17）

「礼」は、形式であり、その形式が完全に失われてしまっては、もはやそれを取り戻すこともできなくなってしまう。精神だけあればいいよ、というような割り切った考えでは、結局、礼を失う危険性もある。そういう考えです。

もちろん、どんな形式でも、とにかく以前からあるものであれば、それをひたすら守って行く、古いものはとにかく大事にする、というわけではありません。変えてよいものと、変えてはならないものがある。

では、その変えていいかどうかの判断はどうするのか、という問題はあります。そして、それを的確に判断するためには、やはり学問をするしかない、ということになりますが、『論語』の中から参考になりそうな例をあげてみましょう。

先生がいわれた。

「礼服としては、麻の冠が正式だ。しかし、麻糸を織りこむのは手間がかかるので、このごろは絹糸にしている。これは倹約のためであり、実害はないので、私もみなに従おう。しかし、主君に招かれたとき、堂の下に降りておじぎをするのが正式な礼であるのに、このごろは上でおじぎをしているのは、傲慢《ごうまん》だ。礼儀上害があるから、みなのやり方とはちがっても、私は下でおじぎをしよう。」(子罕第九・3)

先生がいわれた。

「周王朝のはじめの頃の儀礼や音楽は素朴で、後世の礼儀は華やかで洗練されていて立派だという見方があるが、私が自分で礼楽を執り行なうとすれば、昔のやり方にならって、素朴な飾りすぎないやり方でやりたい。」(先進第十一・1)

ほかの箇所を見ても、孔子は、質素であることにはわりと好意的で、過剰になることには警戒する、という姿勢が見られます。形というのは、どんどん華美に贅沢になっていく傾向がある。その結果、心の方が形に使われてしまう。そういうことを恐れていたのだと思います。

ここまで、礼は形式であることが重要だ、ということを強調してきました。しかし、それでも、いちばん重要なのは、その中身なのです。形式に溺れて、中身を忘れるようなことがあっては、本末転倒です。

「礼と云《い》い礼と云う。玉帛《ぎょくはく》を云わんや」（陽貨第十七・11）という孔子の言葉があります。

「人はよく、『礼、礼が大事だ』と言うが、礼というのは、儀礼を行なうときに使う玉や絹のことだろうか。ちがうだろう。大事なのは礼の精神の方ではないか」ということです。

そして、そのような精神があってはじめて、礼はあらゆる徳の要になることができるのです。

先生がいわれた。

「人にうやうやしく接するのはいいが、〈礼〉によらないと廃れてしまう。慎重であるのはいいことだが、礼によらなければ、おそれて事を成せない。勇ましさも礼によらなければ乱暴になる。人に対して真っ直ぐで直接的に言うのも、礼によらなければきびしくなりすぎる。」（泰伯第八・2）

†仁のむずかしさ

『論語』の中で、もっとも重要な徳といえば、それは〈仁〉です。キリスト教で言えば〈愛〉にあたる言葉といっていいでしょう。人間として目指すべき最も重要な徳です。しかし、それが具体的にどういう徳なのか、というとなかなかよくはわからない。『論語』の中で言及される例を見ても、〈勇〉や〈孝〉ほどには、はっきりしたイメージはわいてきません。あえていえば、次の言葉のようになるでしょうか。

樊遅《はんち》が〈仁〉とは何でしょうかとおたずねすると、先生は、「人を愛することだ。」といわれた。（顔淵第十二・22）

しかし、これでも、やはり漠然としていることはたしかです。

また、仁はどうやって評価するのかもたいへんわかりにくい。

それはたとえば、〈知〉と比べると明らかです。知は仁よりもはるかに評価しやすい。誤解をおそれずに言ってしまうと、知はお金になるけど、仁はお金にならない。

そうすると、「仁は大事だけど、まあ、よくわからないし、それよりも評価されやすくて、お金にもなる知の方を追求しよう」となりがちです。

けれども、そうやって知の方ばかりを追い求めていくと、結局は、本筋のところを逃してしまうという危険性がある。本筋はあくまでも仁にあるのです。

医者を例にとって考えてみましょう。

現代では医者は職業です。知識と技術を身につけ、それを使って患者を治し、お金をもらう。まさに、知によって評価され、お金を稼ぐのです。これはもちろん悪いことではありません。

でも、「医者は単なる技術者」「医者は職業のひとつ」と割り切られてしまうと、なんだか違和感がないでしょうか。「それだけではないだろう」という気がする。人々が医療に期待するものは、たんなる知の産物ではありません。

ですから、今でも「医は仁術」というのです。人間の命や健康といった最も大切なものにかかわる医療には、それこそ、最も肝心な本筋の徳である仁が根底になければいけない、ということです。

「もし〈仁〉という心の徳がなければ、〈礼〉があっても音〈楽〉があってもどうしようもない。」（八佾第三・3）

「水や火は生活に必要だが、人に〈仁〉が必要なのは、水、火以上である。それに水や火にはふみこんで死ぬ人も見るが、仁にふみこんで死んだ人を見たことはない。」（衛霊公第十五・35）

それだけ重要な徳ではありますが、これを身につけるのは並大抵のことではありません。『論語』には、人物評も多く、そこでも「仁かどうか」は、よく話題にされるのですが、それを認められることはほとんどありません。いくつかの例を見てみます。

孟武伯《もうぶはく》が先生に、「子路《しろ》は〈仁〉を持つ人格者ですか。」とたずねると、「わかりません。」といわれた。

さらに問うので、こう答えられた。

「子路は、大国で兵を訓練させればりっぱな仕事をするでしょうが、仁かどうかはわかりません。」

「冉求《ぜんきゅう》はいかがでしょうか」と問われ、「冉求は、千戸を治める卿《けい》・大夫《たいふ》など大きな家の家臣の長となる力はありますが、仁かどうかはわかりません。」と答えられた。

「公西赤《こうせいせき》はどうですか」と問われ、「赤は〈礼〉を知っているので、礼服を着て朝廷に立ち、外国の賓客と応接する力はありますが、仁であるかどうかはわかりません。」（公冶長第五・8）

「楚《そ》の国の宰相子文《しぶん》は、三度宰相となってもうれしそうな顔をせず、三度それをやめさせられても怒る表情を見せず、後任の宰相に必ず仕事の引継ぎをきちんとしたということですが、このような人物はいかがでしょうか。」

先生はいわれた。

「〈忠〉だね。自分より国のことを考えている。」

子張《しちょう》が、「では、〈仁〉と言えるでしょうか。」というと、こう答えられた。

「仁とは私心のない知者である。子文を仁だとは軽々しくは言えない。」

子張がさらにこうたずねた。

「斉の国の家老の崔子《さいし》が君主を殺したとき、同僚であった陳文子《ちんぶんし》は家に馬四十頭を持つほど裕福だったのに、不忠の臣下がいる国を嫌って、財産を捨てて斉を去りました。よその国に行くと、そこでも不忠の者を見て、『ここにも崔子と同じような者がいる』と言って去りました。また別の国に行っても、同じ理由でその国を去りました。この人物はいかがでしょう。」

「清い人物だね。」と先生は答えた。

「では、仁でしょうか。」と子張がたずねると、「彼に完全に私心がなかったかどうかわからないから、仁と軽々しくは言えない。」（公冶長第五・19）

原憲《げんけん》が、「勝ちたがり（克《こく》）、自慢（伐《ばつ》）、うらみ（怨《えん》）、物欲（欲《よく》）の四つの心の動きを抑えられれば〈仁〉といえましょうね。」というと、先生はこういわれた。

「たしかにその四つを抑制するのは、難しいことだが、しかしそれで仁と言えるのかというと私にはわからない。」（憲問第十四・2）

仁は学べる

しかし、これをただ高くて遠い、とても凡人には及びがたい境地と考えるのも、またまちがっています。孔子は次のように言います。

「〈仁〉ははたして遠いものだろうか。私たちが仁を心から求めるなら、仁はすぐここにある［仁遠からんや。我仁を欲すれば、斯《ここ》に仁至る］。」（述而第七・29）

仁は求めて身につけるものであり、逆に言えば、生まれつきの素質だけでは、十分ではありません。これは、孔子が「徳」として考えるあらゆるものに共通して言えることですが、仁についても同様です。

子張が善人（良い性質を持っているが学んでいない人）の行なうべき道についておたず

ねした。

先生はこういわれた。

「先人たる聖賢の道を学ばなければ、道の奥儀に至ることはできない。」（先進第十一・20）

また、顔回《がんかい》に対しても、「仁を行なうのは自分しだいだ。人に頼ってできるものではない」と言っています（顔淵第十二・1）。

では、それはどうやって身につけるのか。

子貢が、仁の身につけ方について聞いた時の孔子の答えは次のようなものでした。

「職人が仕事をうまくやろうとすれば、必ずまず道具を磨く。そのように、その国の政務を担当する大夫の中のすぐれた人物にお仕えし、その国の士人の中の仁徳ある者を友だちにして、自分を磨きあげることだ。」（衛霊公第十五・10）

また、次のようなやりとりもあります。

仲弓《ちゆうきゆう》が〈仁〉のことをおたずねすると、先生はこういわれた。

「ひとたび家を出て人と接するときには、大切な客を接待するつもりで接し、人民を使うときには、大切な祭祀を担当するときのつつしみ深さを忘れないように。自分が望まないことは、人にもしないように「己の欲せざる所は人に施すこと勿《な》かれ」。そのようにつつしみ深くすれば、君主や重臣から怨《うら》まれることはない。」

仲弓は、「この雍《よう》は至らないものですが、このお言葉を実行していきたいと思います。」といった。（顔淵第十二・2）

仁とは言っても、それは日常から離れた特別の境地ではなく、それを身につけるにも、非日常的な修行や努力が必要とされるわけではないのです。だから、場面場面で仁を行なうことは、普通の人にも十分できます。

ただし、それをゴールと勘違いしてはいけないのです。仁に到達するのがむずかしいというのは、仁が超人的な徳目だからではなく、それを人格の一部として、まさに身体化して身につけることがむずかしいのです。

孔子が顔回をほめた言葉の中に、次のものがあるのは、その間の事情を示しています。

「回は三月《みつき》も〈仁〉の徳から離れることはない。そのほかの者では、一日か一月《ひとつき》仁の徳に触れるだけで永続きがしない。」（雍也第六・7）

†ゴールとプロセス

ところで、仁という徳が最重要であると言っても、それだけを追求していては、バランスが崩れる、ということはないのでしょうか。たとえば、仁ばかりを追求していくと、人間としていちばん大切なところは押さえているけれども、現実社会に対応するのは苦手な人間になってしまったりしないのでしょうか。

それについては、弟子の宰我《さいが》が孔子に質問してくれています。

宰我が先生にこうたずねた。

「〈仁〉の人は思いやりの心がありすぎて人に騙《だま》されることがあるのではないかと心配になります。たとえば、人が偽って『井戸に人が落ちています。』と言うのを聞いたら、自ら井戸の中に入って救けようとしてしまうのではないでしょうか。」

先生はこう答えられた。

「そんなことにはならないよ。仁の心を持つ君子を井戸の前まで行かせることはできても、井戸に落ち込ませることはできない。ちょっと騙すことはできても、騙し続けることはできない。」（雍也第六・26）

それどころか、孔子は、本当の知というのは仁に基づいている、というようなことを言います。

「〈仁〉の中に居るがごとく、判断を仁におくのが、よい生き方である。あれこれ選んで仁から外れてしまうのは知者とは言えない。」（里仁第四・1）

これは知に限りません。仁があれば、そこにはまた必ず〈勇〉もあるのです。

「徳のある人格者は必ず善い言葉を言う。しかし、善い言葉を言う者だからといって徳

があるとは限らない。仁の人には必ず勇気があるが、勇敢な人に必ず仁があるとはいえない。」（憲問第十四・5）

最高の目標であり、また、あらゆる徳目の基準、柱になるもの、それが仁なのです。そういうものだからこそ、言葉で簡単に定義して「わかったつもり」になるのは、危険でしょう。仁のわかりにくさには、そのような一面もあったと思います。

さて、このような仁ですが、これだけ大きな徳だと、それを目指すのについついひるんでしまうかもしれません。しかし、そのような態度はまちがいです。仁は完成しなければ意味がない、という徳ではありません。それを目指して自分を磨いていくこと自体にも、すでに意味はあるのです。

「本気で〈仁〉の徳を身につけようと志す者は、けっして悪をなすことはない。」（里仁第四・4）

私たちは、なかなか仁に到達することはできないかもしれません。しかし、「志す」ことなら誰にもできるはずです。そして、それこそが『論語』の説く、人間として最上の生き方なのです。

【コラム】音楽家・孔子

孔子という人は、たいへんな音楽好きでした。

斉の国に滞在していたとき、そこに伝えられていた韶《しょう》という音楽を初めて聞き習う機会があったのですが、そのあまりのすばらしさに感動し、三か月間この音楽に身も心も奪われ、肉の味のおいしさにも気づかなかった、と言われています（述而第七・13）。

また、その知識というか技量も相当のものだったらしく、孔子本人が多少自慢げに「私が衛《えい》の国から魯《ろ》に帰ってきて、古楽の正しく伝わっていないところを直したので、音楽は正しくなり、声楽の詩も本来の姿となった」（子罕第九・15）とも言っています。

あるいは、魯の国の音楽長に対して、「音楽はそうむずかしいものではありません。演奏のはじめは打楽器で勢いをつけ、次に各楽器が自在に音を出し合って調和する。それぞれの音が濁らないではっきりとしていて、音が途切れることなく続いていく。こうして仕上がるのです」（八佾第三・23）といった音楽論を展開しています。

塾でも、音楽は、非常に重要な教科だったようで、子路のような勇猛果敢なタイプの弟子も、琴を演奏しています。

当時の音楽というのは、もちろん、単なる娯楽ではありません。「礼楽」という言葉でセットにして表現されるように、社会の秩序を維持するのに貢献するものであり、また、それと関連していることですが、人間の心を治める力をもっているものと考えられていたのです。「儀礼や音楽が衰えると刑罰も適切さを欠き、人民が安心して暮らせなくなる」（子路第十三・3）のです。

孔子が、弟子の子游《しゆう》が長官をしている魯の小さな町武城《ぶじょう》に行かれたとき、そこで聞こえる音楽に対して「鶏をさくのにどうして牛切り包丁が必要なのかな（こんな小さな町を治めるのに国家用の礼楽まで民に習わせなくてもよいのではないか）」と言った、というエピソードがあります。

この孔子の冗談っぽいコメントに対して、子游が、「以前、私は先生からお聞きしました。為政者である君子が礼楽を通して〈道〉(道徳)を学ぶと人を愛するようになり、民衆が礼楽によって道を学べば、おだやかになり治安がよくなると」と答え、孔子が子游の言うとおりだと前言を撤回したのですが(陽貨第十七・4)、このように「礼楽は人を治める手段」という考え方は、孔子の塾では「常識」です。

どうして音楽にこういうことが可能なのか、というと、それは音楽が、直接人間の心に響くものであり、また「調和」と「秩序」を目指すものだからです。

これは、古代のピタゴラス教団の考え方にも、一脈通じるところがあります。

ピタゴラス教団は、「世界は数で出来ている」という強い確信を持った、一種神秘主義的なところもあった学派です。それが音楽を非常に重視していた。

ピタゴラス教団の考え方では、音楽というものは、数学的に解明できる。和音とか倍音とかといった現象は、全部数学的なものなのです。

それがいちばんはっきり見えるのは、弦楽器です。ある弦をこれくらいの長さで抑えればこの音になる。長さを半分にすると、こう音が変わる。こうやって、観察してみると、弦の長さと、出る音の間には、明確に数学的な比例関係が見いだせます。

あるいは、共振のような現象も見つけ出す。

これは、非常にきれいで整った、秩序ある世界だ、調和の世界だ、と考えるのです。孔子は、ピタゴラス教団のように、数学を重視した形跡はありませんが、それでも、音楽に、秩序ある調和のとれた理想の世界を見ていたことは、おそらくまちがいないと思います。

また、音楽を通して心を整えることができるということを逆に見れば、どんな音楽をどのように演奏するかによって、その人間のレベルもわかってしまう、という面があります。

孔子が衛の国に滞在中、磬《けい》という打楽器をたたいていたところ、たまたま荷を背負って戸口を通り過ぎた隠者らしき者が、その音色を聞いて、「天下に道を行なう心があるな、この叩き方は」といい、またしばらく聞いて、「世を捨てきれない、いやしさがあるな、このこちこちの固い音には」と言ったという話があります（憲問第十四・41）。

ほかにも、孔子が、子路の琴の音が乱雑だ、という批評をしたため、他の弟子たちが子路を軽んじたということもありました（先進第十一・15）。もっとも、この話のあとには、「子路は、すでに十分高いレベルにある。それを踏まえた上での不足を言ったのだ」という孔子のフォローがついていますが。

いずれにせよ、音楽は、人格の陶冶から社会の秩序にまで広くかかわる、非常に重要な教養なのです。

孔子が、教養を通じて人間が完成するプロセスを表現した言葉は、実に次のようなものでした。

「人間は〈詩〉によって善の心がふるいたち、〈礼〉によって安定し、音〈楽〉によって完成する［詩に興《おこ》り礼に立ち楽に成る］。」（泰伯第八・8）

第5章 弟子から読む『論語』——魅力的な脇役たち

†個性的な弟子たち

私は高校生のとき、中島敦の『弟子《ていし》』という作品を読んで、たいへんに感動したことを覚えています。これは孔子の弟子、子路《しろ》を主役にした小説で、中島敦の傑作のひとつなのですが、では、この小説のどこにそんなに感動したのか。

これはやはり、子路という人間に共感して寄り添える、というところが大きいと思うのです。

『弟子』では、子路はまず、エセ賢者の孔丘《こうきゅう》という奴がいるらしいがなにほどのものか、辱めてやろう、と言ってヤクザ者の格好をして出かけて行く。しかし実際に会ってみると、いや、これはたいした人だ、とすっかり孔子に惚れこんでしまう。その後、孔子と行動をともにするようになって、その教えを聞き、この人に褒めてもらいたいと思いながら、学びの道を生きていく……。

子路のような人間が孔子のような大きな人間を前にしたときの気持ちが、生き生きと伝わってきます（余談ですが、これと同じように、優れた人間に対する弟子の思いを描いた名作には、太宰治の『駈込み訴え』もあります。ただ、この作品に出てくるユダの愛憎半ばする感じは、やはり太宰らしいというか、イエスとユダの関係らしいもので、孔子は、そこまで弟子のアンビバレントな感情をもよおさせるような人ではない、と思います。比較して読んでいただくと面白いと思います）。

この本の序章でも述べましたように、『論語』にある孔子の言葉は、多く弟子たちに向けて語られています。また、それは、それぞれの弟子たちの個性と状況にあわせて発せられているものです。

ですから、それらの言葉を生き生きと味わうには、一回、それぞれの弟子になったつもりで、弟子たちの目や耳を通して見てみる、聞いてみる、というのは非常に有効な手段なのです。

ただ、そのためには、ある程度、弟子たちがどんな個性を持った人間なのか、というのをざっくりとでも把握しておかねばなりません。

『論語』は、徳目ごと、時代ごとなどに編纂されていないのと同様、登場する弟子によって編集されているわけでもないので、ざっとひととおり読んだだけでは、なかなか弟子たちのキャラクターもつかみづらいところがあります。

このたび『論語』を訳してみたところ、「孔子」という人物が、自分の中に具体的な人間として出来上がってきた、ということを訳本（『現代語訳　論語』ちくま新書）の「解説」に書いたのですが、実は、そこで心の中に生まれてきたキャラクターは孔子だけではありませんでした。そこでは、また個性豊かな弟子たちに出会うことができます。そこに感心したり、呆れたり、感情移入したりして読む。

本章では、そのとっかかりとして、『論語』の中で出会った魅力的なキャラクターについて、私なりの紹介をしてみたいと思います。

孔子の直接の門下は、七十人（『史記』「仲尼弟子列伝」）と言われています。ただ、弟子によって『論語』の中でも取り上げられる回数はかなり違います。そこでまずは一般にも有名で、それぞれ個性のはっきりしている三人の弟子を取り上げたいと思います。

顔回《がんかい》（顔淵《がんえん》）、子路《しろ》（仲由《ちゆうゆう》、季路《きろ》）、子貢《しこう》（賜《し》）です。この三人は、弟子の中でも高弟と言っていい存在です。

そして、タイプはちがえど、孔子が考える〈徳〉を一面で代表する人格の持ち主でもあります。子路は〈勇〉。子貢は〈知〉。顔回は〈仁〉。それぞれの徳のあり方について考えるときにもこの三人の顔を思い浮かべるというのは、効果的な読み方のひとつだと思います。

✝愛すべき子路

子路は、『論語』を最初に通読すると、おそらくまず初めに印象に残る弟子ではないでしょうか。

そのキャラクターは、明るく、勇ましく、愛らしい。素直で、真っ正直なところがとても気持ちのいい男です。ときに、軽はずみなことを言って先生にたしなめられる姿も、私たち凡人の共感を呼びます。

その彼の性質を、『論語』に表れる徳目で表現させるとしたら、これはまちがいなく〈勇〉です。孔子はまた、子路の性質を評して〈果〉といっています。〈果〉というのは果断ということでつまり決断力がある、ということです（雍也第六・8）。政治家としても重要な資質で、実際、子路を部下にもった季子然《きしぜん》は、孔子に「仲由（子路）や冉求《ぜんきゅう》は、すぐれた臣と言えますでしょうね」と自慢しています（先進第十一・24）。

ただ、子路の勇はときに行きすぎの気味があり、それを孔子はよくたしなめていました。孔子に向かって、「先生が大国の数万の軍隊を指揮されるときは、誰と行動をともにしますか」と言ったことがあります（述而第七・10）。これは質問の体裁をとっていますが、質問ではありません。子路は、「軍隊を指揮するように〈勇〉が必要な場面では、なんといってもこの私が一番ですよね」と言いたいのです。先生に自分をほめてもらいたくてしようがないのです。

ところが、それに対する先生の答えは、「素手で虎に向かい舟なしで河を渡る。そんな向こう見ずで、死んでも後悔しない者とは、行動をともにしない。必ず事に臨んで慎重に考え、戦略を工夫し成しとげるものと一緒にやりたい」というものでした。

孔子はまた、「由（子路）のような者は、ふつうの死に方はできまい」（先進第十一・13）と言っていました。子路を愛し、よく知っていた孔子ならではの、悲しい予言でしたが、これは不幸なことに的中してしまいます。衛《えい》の国の内戦で殺されてしまったのです。孔子の晩年を痛ましいものにしているもののひとつです。

一方、子路には真面目で理想主義的なところもありました。

たとえば、先生が衛の霊公《れいこう》の夫人の南子《なんし》と会ったとき。この南子というのは、当時不品行で有名な女性だったようですが、それに対して子路は相当不満そうな顔をしたようです（雍也第六・28）。

あるいは、孔子が招かれるのに対して、「あんなところに行くなんて」と不平顔をすることもたびたびでした。

「子路は、何か有益なことを聞いても、それを自分でできるようになるまでは、さらに何かを聞くことをおそれた」(公冶長第五・14)と言われています。

口先だけではない。言葉を単なる言葉に終わらせない。まさに孔子が考える徳を実践する人間です。師の名前を辱めない弟子だったと思います。

†門下第一のインテリ・子貢

子貢は、〈知〉の人です。

非常に頭が切れる人で、孔子塾の外の人から見ると、時には孔子よりも賢く見えたらしい(子張第十九・23、25)。もちろん、子貢自身は、「私と先生ではレベルがちがう。先生の偉大さは、あまりにもスケールが大きいので、それとわかりづらいかもしれないが」という意味のことを言ってそれを否定していますが。

孔子からも、「(子貢は)自分で積極的に財産を増やしている。頭はいいからよく予測し、当たることが多い」(先進第十一・19)と言われています。その頭のよさは、あるいは〈達〉とも言われています(雍也第六・8)。「物事をよく見通せる」ということでしょう。

「予想が当たって財産を増やせる」と言えば、まさに現代日本で典型的に求められるタイプの頭のよさでしょう。世の中の動きを的確に読み、株などで見事な資産運用を見せるようなイメージです。

けれども、孔子からすると、頭がよいことは認めつつも、いちばん重要なのはそこではないだろう、というような気持ちがあったようです。

先の先進第十一・19でも、実はこれは顔回との比較で言われた言葉で、「回は、人としての理想の道に近く、貧しくても道を楽しむ境地にいる。一方の子貢は天命に安心することができないので財産を増やしている」という言い方なのです。

また、いかにも現代的な意味での合理主義者でもあったようで、ある儀式の犠牲に羊を使うのは無益だからやめたらどうか、ということを先生に提言してたしなめられたこともあります（八佾第三・17。本書一二一ページも参照）。

財産を増やす才覚にあわせて、ドライと言えるほどの合理的な思考をし、人を鋭く批評するその姿は、ますます、現代日本で理想とされる「頭のいい人」に見えてはこないでしょうか。

では、子貢に足りないものとはいったい何でしょうか。

子貢が、君子について尋ねたときの先生の答えは、「君子は、自分の主張をまず行動で表し、その後に主張を言葉にするものだ」（為政第二・13）というものでした。相手に応じて答える、という孔子スタイルから考えれば、これは子貢に対して、「おまえも口で立派なことを言ってばかりではなく、行動で君子と呼ばれるような人間になりなさいよ」と言っていると思われます。

もちろん、この場合の「行動」というのは、財産を増やしたりすることではなく、人間としての立派な生き方のことです。

子路が、自分をほめてもらいたくて「軍隊を指揮するときは誰といっしょに行動したいと思いますか」という質問をしたことは、前述しました。

子貢もやはり自分の評価が気になったのでしょう、先生に「私はどのようなものでしょうか」という質問をしています（公冶長第五・4）。

そのときの孔子の答えは、「おまえは器だね」でした。

子貢は、ちょっとびっくりしたというか、戸惑ったでしょう。

「え？　器？　器ってどういう意味？」と思ったにちがいありません。「どんな器でしょうか」とさらに聞く。孔子はほかのところで、「君子は器ではない」と言っています（為政第二・12)。だから、たぶん、いい意味ではないだろう。そんな子貢の動揺が伝わってきます。

それに対しての答えは、「瑚璉《これん》だね」。

瑚璉とは、大事な祭りのときにお供えを入れる貴重な器のことです。さらにくだいた解釈をするなら、「君子とまでは言えないけど、重要なところで重要な働きをする有能な人材だ」というところでしょう。

こういう言い方をするところが、孔子の教育者としてたいへんおもしろいところで、最初から「君子とはいえないけど、有能だね」と言うのと、まずずばり「器だね」というのでは、子貢に与えるショックというか、効果が全然ちがうのです。

おそらく子貢は、この言葉を一生忘れなかったでしょう。それも、単に「叱られた」とか「ほめられた」というのとはちがう抱え方をして、そのことについて、折にふれて反省していたと思います。

子貢の本質と、それをばしっと見抜いて言葉にする孔子のコメント力の両方がわかります。

子貢については、徳について語るとき、『詩経《しきょう》』の言葉を見事に引き合いに出して、孔子に褒められたときのことを、最後に紹介しておきましょう。（学而第一・15）。


子貢が先生にこうたずねた。

「貧しくてもへつらわず、金持ちでもいばらないというのは、どうでしょうか？」

先生が答えられた。

「悪くはないね。だが、貧しくてもなすべき道を楽しみ、金持ちでも礼儀を好むというのには及ばない。」

子貢がいった。

「『詩経』に『切るがごとく、磋《す》るがごとく、琢《う》つがごとく、磨くがごとく』［切磋琢磨《せっさたくま》］と書いてあるのは、そのことを言っているのでしょうね。」

先生はいわれた。

「子貢よ、それでこそはじめて詩の話をいっしょにできるね。ひとつ言えば、次をわかってくれる。」


具体的な場面から出たであろう弟子の問題意識、それを受けてさらに「その上」を提示する先生。その先生の答えを、詩句に引き寄せて、見事に仕上げる弟子。孔子塾の学問の在り方と、その楽しさが迫ってくるように感じられる、印象深い場面です。

†理想の弟子・顔回

子路、子貢に続いて紹介するのは、顔回です。先に紹介したふたりも非常に優秀な弟子だったのですが、この顔回はもっと上にランクされることが多い。実際、顔回は後世「亜《あ》聖《せい》」とまで呼ばれています。「聖人に亜《つ》ぐ」ということです。

若くして死に、孔子はその死をたいへんに嘆きました。『論語』には、「哭《こく》した」とあり、これは孔子らしくない、異常な悲しみ方だったようで、弟子たちも動揺しました。けれども、そのとき、孔子は、「この人のために身をふるわせて泣かないのなら、一体だれのために慟哭するというのか」と言い切っています（先進第十一・10）。

また、その死に際して、「ああ、天は私をほろぼした。天は私をほろぼした」（先進第十一・9）という言葉をも残しています。

こうして見ると、これはただ愛弟子を失ったというよりも、もっと他の何かを感じます。孔子は、自分の道と学問を本当の意味で受け継ぎ、さらにはそれを発展させていくことができる人間がいるとしたら、それは顔回だ、と考えていたに違いありません。

序章でも触れましたように、孔子の学問は、体系的に書物にまとめるような形で後世に伝えていくものではなく、生きた人間に継承してもらうべき性格のものだったのですから、そういう相手を（それも最晩年に）亡くしたというのは、まさに痛恨の極みだったでしょう。

孔子は自らを、「学を好む」ということでは、まず人には負けない意欲を持った人間だ、と考え、それを誇りにしている人です。したがって、学ぶ意欲のあるなしも、ときに自分という相当高いところを基準にしているところがあります。孔子の塾は、「学びたい」という気持ちを持った人間が集まってくるところですが、そこでも、孔子をして「学を好む」と言わしめる人間は、ほとんどいなかったのです。

その例外が、顔回です。

哀公《あいこう》や季康子《きこうし》に、「お弟子さんの中で、だれが学問好きと言えますか」と聞かれたとき、孔子が答えたのは、「顔回という者がいて、本当の学問好きでした。不幸にして短命で死んでしまいました。今は、真の学問好きといえるような者はおりません」ということでした（雍也第六・3）（先進第十一・7）。

それほどレベルが違うのです。

ぱっと見で「できる」という感じが出てくるようなタイプではなかったようで、孔子も、「顔回と一日話していても、何も反論しないので一見愚かに見える」と言っています（為政第二・9）。けれども、「話を終えて普段の顔回の行ないを見ると、私の真意が実現している、と感じる。顔回は愚かどころではない」。

見る人が見れば、その優秀さはわかったのでしょう。孔子が子貢に、「おまえと顔回とでは、どちらがすぐれていると思うか」と尋ねたとき、子貢は、「私などがどうして顔回の水準を望めましょう。顔回は一を聞いて十を理解しますが、私は一を聞いて二がわかる程度です」と答えています（公冶長第五・9）。（ところで、こういう答えを聞くと、子貢はものすごく切れ者でありながら、他人の能力を素直に認めることができる、なかなかの人物だということを感じます）

ただ、いま、私たちが『論語』を読むと、顔回もたしかに魅力的な人物なのですが、孔子と比べてしまうと、スケールの大きさというか、人間的な迫力では、どうしても見劣りするな、という感じを持ちます。

孔子が、顔回を評した言葉のうちで、もっともよく知られているのは次のものでしょうか。


「賢なるかな回や。一杯の飯と一椀の飲みもので、せまい露地の暮らしだ。ほかの人ならそのつらさに耐えられないだろうが、そんな貧しい暮らしの中でも回は、変わらず心安らかに生を楽しんでいる。賢なるかな回や。」（雍也第六・11）

たしかに見事な人物です。けれども、この一文を読むと、顔回というのは、内省的で純粋だけれども、実務、つまり政治が出来たのか、というと少し心もとない感じがするのです。

孔子の塾は、「行政官僚」や「政治家」を養成する職業塾でもありました。しかし、その中で特に優秀とされた顔回は、スカウトされた形跡がありません。また、自分から積極的に就職しようと働きかけたようにも思えません。

もちろん、それには、政治の世界に本格的に乗り出す前に若死にしてしまった、という事情もあるでしょう。けれども、そういう偶然の事情とは別に、本質的なところで政治には向いていなかったのではないか、という印象はどうしても拭《ぬぐ》えません。

本書では、孔子の学問は、社会とのかかわりの中で生かしていく実践的なものだ、ということをいい、その意義を強調してきました。

けれども、実は孔子の中にも、そういった社会とのかかわりを離れて、ゆっくりと自分自身の楽しみのための学問をしたい、そんな気持ちがあったのではないでしょうか。

そして、ひとり静かに、世間のあれこれに煩《わずら》わされることなく、道を楽しむ顔回に、「こうありたかったもうひとりの自分」の理想を投影していたのではないでしょうか。

顔回が、貧乏な中でも「心安らかに生を楽しむ」のを見て、「賢なるかな」と二度も繰り返して嘆賞した孔子は、自身も若いころ、非常に貧乏で苦労していました。

「お宅の先生はなんでもできますねえ」と褒められた、という話を伝え聞いた孔子は、少し自嘲気味に、「私は若いとき身分が低かった。だから、つまらないことがいろいろできるようになったのだ」（子罕第九・6）と言っています。おそらく、生きていくために、あれこれと意に染まない仕事をしなければいけなくて、それがストレスになっていたこともあったのでしょう。

総じて、孔子が顔回を見る視線には、「あこがれ」のようなものがあったのではないか、と思います。
当然ながら、顔回もまた、孔子に強烈な「あこがれ」というか、「求心力」を感じていました。

「先生は、仰げば仰ぐほどいよいよ高く、切りこめば切りこむほどいよいよ岩のように堅く、とても及ぶことができない。前にいらっしゃるかと思えば、もう後ろにいらっしゃる。変幻自在で捉えがたい。先生は順序立てて人を導かれる。書物のような〈文〉をもって私の知識・見識を博め、〈礼〉をもって私の行動や精神をひきしめて下さる「博文約礼」。先生に学ぶことが喜びで、私は学問をやめようと思ってもやめられない。もはや私の才能と力の限りを尽くしたけれども、先生はいよいよ高く私の前に立たれている。ついて行きたいと思っても、どうしたらよいかわからないのだ。」（子罕第九・11）

学問に対する情熱を絆《きずな》に、互いに強く惹《ひ》かれあっている師弟の姿が見られます。

†実務家・冉有

以上、取りあげた三人は、弟子の中でも、非常に有名で個性もはっきりしているのですが、他の弟子たちも、その登場箇所を丁寧に見ていくと、それなりに人物像が浮かび上がってきておもしろいところもあります。そういういわば「マイナー」(もちろん『論語』に複数回登場するだけで、「メジャー」だ、と言われればそうなのですが)な弟子たちも、取りあげてみてみましょう。

まずは、冉有《ぜんゆう》です。

彼は、「政事にすぐれた者」として名前を挙げられており(先進第十一・3)、また、行政官僚(あるいは政治家)として活躍している箇所が多いことから見ても、非常に有能な実務家だったことがうかがわれます。

孔子も、「冉求(冉有)は、千戸を治める卿《けい》・大夫《たいふ》など大きな家の家臣の長となる力はあります」(公冶長第五・8)「冉求は〈藝〉、つまり多才ですから、充分政治はできます」(雍也第六・8)と、その能力を認めています。

ただ、『論語』の登場箇所を見ていくと、その実践の場で、先生に怒られている場面がわりと多いのです。

魯《ろ》の国の家老である季氏が身分を越えた儀式を行なおうとしていたとき、冉有は、この季氏の執事をしていました。そこで、孔子は、「おまえはこれを止めさせることはできないのか」というのですが、冉有の答えは「できません」でした。孔子はそれを嘆きました（八佾第三・6）。

また、子華《しか》が孔子の用事で斉《せい》に使いに行ったとき、その留守の母親に、米を与えたことがあったのですが、ここで冉有は、独断で勝手に米の量を増やして、これも先生に苦言を呈されます（「赤《せき》（子華）が斉に出かけたときは、立派な馬に乗って軽やかな毛皮を着ていた。私の聞くところでは、君子は貧しい人を助けるが、富んでいる人に更に足しはしないものだ」）（雍也第六・4）。

さらに、季氏のもとで、庶民から税を取り立てて、その富を増しているのに協力していたときに至っては、「もはや私の弟子とは言えないね。諸君は太鼓を鳴らして求の罪を言いふらして責めていい」という、非常に強い非難の言葉を孔子から受けています（先進第十一・17）。

たいへん有能ではあるけれども、どうもときどき〈筋《すじ》〉をはずしてしまう、そういうキャラクターですね。そしてこれは、いわゆる有能な人間には、ありがちなことです。自分の能力に自信を持つことも重要ですし、また、状況を見つつ、時には独断でなにかを決めるということも必要なことがあるでしょう。でも、そういうとき、自分は冉有のようになってないか、孔子が自分の先生だったら、これは叱られるんではないか。そういう観点から、冉有の登場箇所を読み直してみると、きっと発見があると思います。

また、こんな話もあります。

冉求が、「先生の道を学ぶことを幸せに思っているのですが、いかんせん私の力が足りず、いまだ身につけるに至っておりません。」というと、先生はこういわれた。「本当に力が足りない者なら、やれるだけやって途中で力を使い果たしてやめることになるはずだ。しかし、おまえはまだ全力を尽くしていない。今おまえは、自分で自分の限界をあらかじめ設定して、やらない言い訳をしているのだ［今汝《なんじ》は画《かぎ》れり］。」（雍也第六・12）

私は大学生のテキストに『論語』を用いていますが、このエピソードは大学生の人気ナンバー1です。自分の身に覚えがあり、この孔子の言葉で身がひきしまる思いがするそうです。下村湖人の『論語物語』では、このエピソードが深く心に残る物語になっていて、これも学生には好評です。

なお、この冉有は、孔子が晩年、放浪の旅を続けていたとき、魯の国に登用されていたという地位を生かして、先生が帰ってこられるような下地を作っていた、という話もあります(『孔子家語』)。これも、冉有の名誉のために一言付け加えておきます。

†怒られ役・宰我

また『論語』の中で、非常に損な役回りをしている弟子といえば、宰我《さいが》でしょうか。なまけて昼寝をしていたところを孔子に見つかり、「くさった木には彫刻はできない。ぼろぼろになった土塀は、上塗りして修復することはできない。宰予《さいよ》(宰我)を叱っても、もはやしかたがない」と言われてしまいます。「くさった木」「ぼろぼろの土塀」扱いです。

さらに続けて、「以前、私は人に対して、その言葉を聞いてその行ないまで信用した。今や、私は人に対して、その言葉を聞いても行ないを観てから判断することにした。宰予のこの一件で考えを改めたのだ」とまで言われています(公冶長第五・10)。

孔子の教育上の方針を転換させてしまうほどの、いわば歴史に残る昼寝です。

ほかにも、魯の哀公に土地の神木をどうするか、と問われたときに、「周《しゅう》では栗《りつ》を使い神木としています。これは、社《しゃ》で行なう死刑によって民を戦慄《せんりつ》（栗）させるということでもあります」と言って、孔子に不愉快な思いをさせたり（八佾第三・21）、あるいは、「父母の喪は三年ではあまりにも長すぎます。一年で十分です」という議論を先生にふっかけて、「あいつは仁に欠ける」と言われたりしています（陽貨第十七・21）。

こうした話と、また「言葉にすぐれた者」として子貢と並びあげられているところ（先進第十一・3）も見ると、どうやら、頭がよく口が回るが、やや思慮や人情に欠ける、というタイプの弟子だったのではないでしょうか。

もしかすると「巧言令色《こうげんれいしょく》、鮮《すくな》し仁」（学而第一・3）といったときの「巧言」（口先のうまいもの）は、具体的な弟子の姿としては、この宰我が浮かんでいたのではないか、という気もします。

とにかく、『論語』には、その言行がこのような形でしか残らなかったので、当人にとっては、少し損というかかわいそうなところがありますが、これはこれで、反面教師として孔子の厳しい言葉を引き出してくれた、と考えることもできます。

実際、私たちは、性格のあちこちに弱点を持つ存在です。自分の中の弱点を、それぞれの弟子の弱さに重ねあわせて読む。そうすることによって、（耳には痛いこともあるかもしれませんが）それぞれの言葉が、自分にぐっと迫ってくる。

これも『論語』の読み方のひとつだと思います。

【コラム】日本人は『論語』をどう読んできたか

『論語』が、日本人に多大な影響を与えた本だ、というのは、本書でもしばしば述べてきました。それも、一部の層にだけ受け入れられたわけではありません。多層的に受容され、それぞれにとって、重要な書物であり続けてきたのです。

最初に指摘しておくべきは、政府の公式の学問の中で尊重されてきた、ということでしょう。

江戸時代、幕府が認める正式な思想は「朱子学《しゅしがく》」です。これは、中国の宋《そう》代に生まれた学者、朱子が完成した合理的儒学のひとつの到達点です。『論語』はその中でも、きわめて重要なテキストとして尊重され、さまざまな議論の土台、学の基礎としての役割を果たしてきました。

江戸時代でも、昌平坂《しょうへいざか》学問所のようなエリート向けの教育機関では、これを基本に据《す》えた教育がなされてきたのです。官学のトップに立つのは、林大学頭《はやしだいがくのかみ》で、彼らはもちろん、林羅山《はやしらざん》以来の正統的な朱子学者です。

しかし、『論語』は、このように「正統な朱子学」の中だけで読まれていたわけではありません。それは一般庶民にもよく読まれ、また朱子学の枠に収まらない優れた学者たちにも大きな刺激を与えてきました。

まずは、一般庶民への浸透度を見ておきましょう。

儒教のテキスト中、もっとも大切とされるものが、「四書五経《ししょごきょう》」です。「四書」は、『論語』『孟子《もうし》』『大学』『中庸《ちゅうよう》』、「五経」は、『易経《えききょう》』『詩経《しきょう》』『書経《しょきょう》』『礼記《らいき》』『春秋《しゅんじゅう》』を言います。その中で、いちばん広い裾野《すその》で受容されたのが『論語』なのです。

江戸時代には、公立の学校と別に、私立の塾「寺子屋」での教育がたいへんに盛んでした。そこで使われているテキストに、『金言童子教《きんげんどうじきょう》』というものがあります。江戸時代の中期正徳《しょうとく》六年（一七一六年）に勝田祐義《かったすけよし》が編纂した教科書です。

　この本は、和漢の名言を集めた語録集なのですが、そこで柱になっているのが、まさしく『論語』の言葉です。さらにいえば、『孟子』『荘子《そうじ》』といった本から名言がとられるときにも、その選択の基準になっているのは『論語』の精神であるように思われます。

『金言童子教』は、いまでいえば小学生くらいの子どもを対象にした書物です。それが『論語』を基準にしているということは、『論語』は、実はそれくらいの子どもにも、すっと入っていけるもの、納得できるものだ、という判断があったということです。

　当時の教育は、「素読《そどく》」を中心としていた、といわれます。たしかに、高度な文章をそのまま読ませて身体に覚えこませる、という方法には効果があって、私も、数々の著作でその重要性を指摘し、それを現代の教育にも復活させようとしてきました。

　けれども、「素読の重視」ということは、必ずしも「意味も教えずに、ただひたすら読ませるだけ」ということを意味しません。

『金言童子教』を見ると、漢文の原文と書き下し文のほかに、「これはだいたいこういう意味だよ」という解説がついています。

たとえば、「智者は惑わず、仁者は憂えず」（子罕第九・30）という言葉については、『智』ある真に物事を知っている者は鋭い洞察力を持っているから何事にも迷うことがない。『仁』ある徳をそなえた者はものの道理を心得、それに従って行動するから何ひとつとして心配することがない」という解説がほどこされます。

こうすることによって、レベルの高いものを薄めずに、しかし、初学者がきちんとその世界に入っていけるように配慮する、というふたつの課題を両立させています。現代の国語教科書が、教材を幼稚にすることによって、子どもにあわせているつもりになっているのと比較すると、当時の寺子屋の見識の高さがわかるというものでしょう。

『金言童子教』には、たとえば、「貧賤の友をば忘れざれ、糟糠《そうこう》の妻は廃《す》てざれ」（偉くなったからといって、昔なじみの貧しい友達のことを忘れてはならない。苦労をともにしてきた妻を捨ててはならない）――これは『論語』の言葉ではありませんが――というような言葉も載っています。

「いまはわからないかもしれないけれど、そのうちにきっと指針になる」という言葉がセレクトされているのです。この意味で、江戸時代の庶民は、『論語』によって「人生の予習」をしていた、と言ってもいいでしょう。

一方、学者は『論語』をどう受容してきたのでしょうか。

江戸時代の公式な学術が朱子学であったということは、コラムの冒頭に述べたとおりですが、伊藤仁斎《いとうじんさい》や荻生徂徠《おぎゅうそらい》といった当時の大学者たちは、その朱子学的な解釈に飽き足らずに、それぞれの方法で『論語』の原初の精神を探ろうと努力しました。

朱子学的な解釈というのは、大雑把にいえば、儒教を「宇宙の統一的秩序の原理」にすえるというものです。こうすることによって、自然や社会や人間道徳が、ひとつの法則の中でとらえられるという考え方です。

けれども、仁斎や徂徠は、そのような朱子学的なものの見方には、どうしても納得がいきませんでした。それはあまりにも厳格にすぎ、固すぎるのではないか。それよりも、『論語』に見られるような、孔子の生き生きとした精神に立ちかえり、それを再現することの方が本当なのではないか、と考えたのです。

このスタンスは、大きな反響を呼びました。実際に以後の日本人の『論語』理解の大きな流れにもなりました（本書も、この仁斎・徂徠以降の流れに棹《さお》さすものです）。

それにしても、おもしろいのは、『論語』解釈の可能性の広さです。書物としては、いっけん不完全で断片的なものに思えますが、そこにさまざまな想像力が働く余地がある。けれども、そこで使われる想像力は決してデタラメなものではない。

『論語』を読むのに必要な想像力は、「経験的想像力」と言えばいいのでしょうか。読む側の経験値があがってくるにしたがって、はじめて発揮できるタイプの想像力です。

「想像力が豊か」というと、第一には、「何物にもとらわれない自由な心」のようなものを考えてしまいがちですが、それは――「経験的想像力」に対して名づけるとするならば――「夢想的想像力」です。

「夢想的想像力」が、ダメとはいいません。しかし、それは基本的には「子ども」の想像力であって、「大人」のものではありません。経験があるからこそ、それを土台にして、より広いものが見え、より広い想像力が働くのです。

そして、「古典」というものに対するときには、この「経験的想像力」がことのほかよく試されるのです。「聖書」や「仏典」がそうでしょう。もちろん、『論語』もそうです。

仁斎・徂徠以降も、日本では優れた学者が、優れた『論語』論、孔子論を書いています。吉川幸次郎氏、宮崎市定氏、白川静氏などなど、それこそ枚挙《まいきょ》に暇《いとま》がありません。

そのなかでも、たとえば白川静氏の『孔子伝』は、孔子を巫女《みこ》の子とし、その思想の中に一種の非合理的なリアリティが潜んでいることを指摘します。これは、ちょっとぎょっとするような読みです。しかし、この本を読んでいると、「なるほどたしかにそういう面もあったかもしれないぞ」というように感じられてくる。非常に知的に興奮させられる一冊です。

押さえておきたいのは、白川静氏がこのような孔子像を描きえたのは、彼が碩学《せきがく》だったからということです。「自由な想像力の産物」というのも、まちがいではないと思いますが、その基礎になっているのは、白川静の深く膨大な知識と研究であり、経験です。それなくして、『論語』、孔子に対してこれだけの本が書けるわけはありません。

『論語』について語る、書くということは、その人の「経験的想像力」があらわになるということです。ですから、おそらく本書にも、私の経験や見識が出てしまっているでしょう（それを考えるとおそろしくなりますが）。

けれども、それは、人生の節目節目に読み返すことで、「自分がどれだけ成長したか」「どこまでの経験的想像力を身につけることができたか」をチェックするための、最高の指標にもなります。

人生の「予習」として、さらには「節目でのチェック」として、『論語』は日本人にとって最高のツールとして使われてきたし、使うことができるのです。

【コラム】人間通・孔子

孔子という人は、〈仁〉〈義〉〈礼〉などの、非常に重要な徳目の話をしても、たいへんすごい言葉を的確に送ってくる人なのですが、それ以外の、世間的な観察眼というのも非常に鋭い人間だったのだな、と思わずにはいられません。

孔子自身は、若いころ、あれこれ苦労し、さまざまな経験を積んだことを、あまりよいことだとは思っていないようですが、私たちから見ると、その経験が人間通としての孔子を育て、大きな事柄を論じる際にも、そこにいっそうの深みと迫力を与えているように見えます。

『論語』の解説書というと、どうしても『論語』全体をおさえておく、という観点から「重要なところ」ばかりを選び出してしまうのですが、実は、あまり有名ではなく、「地味」な部分にも、孔子の観察眼に思わずはっとする言葉が隠れている。

ここでは、そんな言葉のうちから、いくつかを紹介してみたいと思います。

先生がいわれた。

「貧しくて生活が苦しいときに、人や運命をうらまないのは難しい。しかし、金持ちでいばらないのは、比較的易しい。」（憲問第十四・11）

なんとなくそのまま読み飛ばしてしまいそうな言葉ですが、このなかなかキレイごとではない表現がおもしろい。いかにもお説教風に、そして格言風にいうのなら、

「徳があるというのは、貧しいときに人や運命をうらまず、金持ちでいるときにもおごり高ぶらないことだ」とでもしたくなるところです。

それを「貧しいときうらまないのは難しい」、それに対して「金持ちでいばらないのは比較的易しい」という。非常に現実的というか、一種、ミもフタもないところがあって、けれども、それを聞いたときに「なるほどそうだよなあ」と感じる。

これは孔子の観察、ことによると自分の経験に基づいた実感なのでしょうが、それをこうやってズバリと表現して、しかも、このいかにも現実的な観察が、二千五百年後の異国の地でも、「するどい。そのとおりだ」という共感を呼ぶのです。

もうひとつ、こんな言葉はどうでしょう。

先生がいわれた。

「だまされないか、自分が疑われないかと、はじめから先回りして勘繰《かんぐ》ることはしないのに、『これはおかしい』と適切に素早く察知できる人は、賢いといえるね。」

（憲問第十四・33）

「賢い」というのは、どういうことか。これにはさまざまな意見があるでしょうし、実際いろんな定義が可能でしょう。

孔子は、ここで、それを「こせこせと先回りして神経質になっているわけではないけど、すばやく異変に気付く人」と言っています。

非常に鮮やかな表現です。具体的で説得力がある。

この言葉を読めば、「ああ、そういえば、いろいろ心配しすぎていながら、肝心なことに対して気づきの遅い人っているよなあ」とか、「会社のあの人、おうようだけど、ポイントポイントをしっかり押さえていてたしかに見事だと思ってたんだよね。なるほどあれを賢いっていうのか」というように、自分の経験に照らし合わせて、「賢さ」のイメージが生き生きと浮かんできませんか。

あるいは「ああ、自分はこういう意味での『賢さ』を理想としていたんだ」というように、目標とするあり方を、腑《ふ》に落ちる感じで提示してもらった気分になりませんか。

孔子は、きっとこれらの言葉をあらたまった感じで述べたのではないと思います。ふとした思いつきで言った。でも、それがあまりにも鮮やかだったから、弟子ははっとして、それを記録した。そして、私たちが何の気なしに『論語』をぱらぱらめくって眺めたときに、またその言葉に出会う。そこで、「あっ」と思う。

実は、このコラムで紹介したふたつの言葉は、本書を書いていて、あれこれの言葉を確認するために『論語』のページをめくっているうちに偶然目にとまったフレーズなのです。

何度も読んで、一度は全文を訳しているはずなのに、そのときは素通りしてしまった言葉の中にも、まだまだこんな味わい深い文章が埋もれている。

かなり読みこんだかな、と思っても、いつまでも汲み尽くせない。まさしく「古典」というのにふさわしい書物だと、いつも感慨を新たにさせられます。

おわりに

『論語』を読みかえしていると、私は明治維新のころの日本人の精神の在り方について、あるひとつの思いを持ちます。

明治維新といえば、日本の歴史上最大の変革といえますが、その変革を生み出した一つの「心の柱」のかなりの部分は、儒教、それもかなり『論語』の影響が濃くでた儒教によって培《つちか》われたものではないだろうか、ということです。

そして、それは維新の後もまだしばらく続き、その影響の強さと日本がしっかりとした背骨を持っていた時期とは、かなりの程度一致するのではないか。

太平洋戦争の後、GHQ最高司令官のマッカーサーが、吉田茂に次のような意味のことを言ったそうです。

「私は、かつて日露戦争のときの日本の将軍を見たことがあるが、彼らは非常に風格があった。しかし、今度の戦争を指揮した将軍たちには、そのような風格は感じられない。これはいったいどういうわけなのか」

この質問を吉田を介して聞いた和辻哲郎《わつじてつろう》は、「日露戦争の頃の将軍、東郷や乃木《のぎ》などは、『論語』や『孟子《もうし》』などの古典で教育されそこで性格ができあがった上で、西洋の軍学を学んだ。一方、今回の戦争を指揮した東条や荒木は、はじめから教育勅語や軍人勅諭で育って、論語孟子などの素読はもうやらなかっただろう。マッカーサーが感じた風格のちがいは、そういうところに由来するのではないか」というような感想を抱いたそうです（俵木浩太郎『孔子と教育』）。

また、作家の司馬遼太郎は、『坂の上の雲』などの小説で、明治の日本人を非常に高く評価した小説を書きましたが、その後の日本はおかしくなっていってしまった、という考えを持っていたようです。これも、マッカーサーの感覚と符合するところがあります。

話は、政治家だけに限りません。

文学者について、唐木順三《からきじゅんぞう》は、夏目漱石・森鷗外あたりの人物群を「素読世代」と呼んでいます。これはもちろん『論語』『孟子』などの古典を素読して人格形成した世代ということです。一方、芥川龍之介やそれ以降、白樺派《しらかばは》などの世代を「教養世代」と名付けています。ここに大きな切れ目がある。両者は全然ちがうものなのだ、という感覚があるということです。

そう考えると、日本の教育史の上では、この「古典の素読をしたかしないか」ということろにひとつ大きな転換というか、境目があるように思われます。

非常に大雑把な言い方をすれば、『論語』の素読をやめてから、教科書がどんどん幼稚になっていく、ということです。それは今にまで続いてくる傾向です。今は小学校四年生で『ごんぎつね』を読んでいるのです。『ごんぎつね』は、児童文学として優れたものだと思いますが、四年生でやるには日本語としてかんたんすぎる。一年生でやるべきものです。実際、私は教科書改善の委員として、この事態を改善しようとしたのですが、なかなかそういう提案は通らないのです。ずっと続いてきている傾向ですから。

ただ、『論語』の素読を復活させよう、ということを言うと、それは古臭い時代遅れの道徳の復権ではないか、と危惧《きぐ》する人もいるかと思います。

実際、これだけの書物になると、その影響も巨大で、単純に「よい影響を与えた」「悪い影響を与えた」というだけの形で評価することはできません。

たしかに、今では通用しない考え方が入っているのも事実です。

その代表といえば、「女子と小人は養いがたし」でしょう（陽貨第十七・25）。私は、これを「教育のない女子と下々の者は、扱い方がむずかしい。近づければ、わがまま、無遠慮になるし、遠ざければ不平を持ち、こちらを怨《うら》んでくる」と訳しました。いろいろ解釈の余地はあるとはいえ、基本的には現代では見習うべきではない考え方です。孔子といえども時代の制約はまぬがれないのですから、こういう欠点がある、ということは素直に認めるべきでしょう。

しかし、それでも、その大筋は正しいということ、また、権威をもって何か考えを押し付けてくるのではなく、非常にオープンな書物であることを考えると、私は今でも日本人の「軸」となりうる書物だと思います。

また、『論語』の強みの一つは、それが物事を構築していくときの柱になる、ということです。

たとえば、ニーチェの言葉は、人を自由にし、奮い立たせるすばらしいものだと思いますが、それを人生の学びのいちばんはじめには持ってこられない。その思想は戦いの思想であって、そこには敵が想定されています。ニーチェ自身が想定していた敵はキリスト教でした。また、老荘思想も魅力的な考え方ですが、これも第一には反儒教という性格を持っています。

いずれにせよ、カウンター的なのです。カウンター的なもので土台を築くのは難しい。また、カウンターの魅力も、まずはスタンダードなものがちゃんとあってこそ生かせるものです。

その点、儒教の基礎にある『論語』では、当たり前のことの大切さをしっかりと伝えてくれます。〈仁〉〈義〉〈信〉〈勇〉などの重要性というのは、一見するととても野暮ったいように思えるかもしれませんが、それぞれの言葉に込められたものは、けっして古臭いものでも、つまらないものでもありません。いまでも生き生きとした「力」をもって、私たちの生き方を大きく育ててくれるものと思います。

そのために、いま『論語』はもっと読まれてほしい。この本が、その道案内として役に立てば、これほどうれしいことはありません。

この本が形になるに当たっては、『現代語訳　学問のすすめ』、『現代語訳　論語』にひき続いて筑摩書房編集部の伊藤大五郎さんの御助力を頂きました。ありがとうございました。

参考文献一覧

宇野哲人『論語新釈』講談社学術文庫
加地伸行『論語』（増補版）講談社学術文庫、二〇〇九年
金谷治（訳注）『論語』岩波文庫、一九六三年
齋藤孝（訳）『現代語訳　論語』ちくま新書、二〇一〇年
司馬遷（著）、小竹文夫・小竹武夫（訳）『史記４』（世家下）ちくま学芸文庫
司馬遷（著）、小竹文夫・小竹武夫（訳）『史記５』（列伝一）ちくま学芸文庫
藤原正（校訳）『孔子家語』岩波文庫、一九三三年
宮崎市定『現代語訳　論語』岩波現代文庫、二〇〇〇年
吉川幸次郎『論語』（上・下）朝日選書、一九九六年
加地伸行『儒教とは何か』中公新書、一九九〇年
齋藤孝『「座右の銘」が必ず見つかる寺子屋の人生訓４５１』小学館、二〇一〇年
下村湖人『論語物語』講談社学術文庫
白川静『孔子伝』中公文庫、一九九一年

俵木浩太郎『孔子と教育』みすず書房、一九九〇年
安田登『身体感覚で『論語』を読みなおす。』春秋社、二〇〇九年
和辻哲郎『孔子』岩波文庫、一九八八年

ちくま新書
906

論語力《ろんごりょく》

二〇一一年六月一〇日　第一刷発行

著者　齋藤孝（さいとう・たかし）

発行者　菊池明郎

発行所　株式会社　筑摩書房
東京都台東区蔵前二-五-三　郵便番号一一一-八七五五
振替〇〇一六〇-八-四一二三

装幀者　間村俊一

印刷・製本　株式会社　精興社

乱丁・落丁本の場合は、左記宛にご送付下さい。
送料小社負担でお取り替えいたします。
ご注文・お問い合わせも左記へお願いいたします。
〒三三一-八五〇七　さいたま市北区櫛引町二-六〇四
筑摩書房サービスセンター
電話〇四八-六五一-〇〇五三

ISBN978-4-480-06611-4 C0210

ちくま新書

691 日本を教育した人々　齋藤孝
資源に乏しい島国・日本にとって、未来のすべては「人づくり」にある。吉田松陰、福沢諭吉、夏目漱石、司馬遼太郎を例に、劣化する日本の再生の可能性を考える。

211 子どもたちはなぜキレるのか　齋藤孝
メルトダウンした教育はどうすれば建て直せるか。個性尊重と管理強化の間を揺れる既成の論に楔を打ち込み、新たな処方箋として伝統的身体文化の継承を提案する。

890 現代語訳 史記　司馬遷　大木康訳／解説
歴史書にして文学書の大古典『史記』から「権力」と「キャリア」をテーマにした極上のエピソードを選出し、現代語訳。「本物の感触」を届ける最上の入門書。

615 現代語訳 般若心経　玄侑宗久
人はどうしたら苦しみから自由になれるのか。言葉や概念といった理知を超え、いのちの全体性を取り戻すための手引を、現代人の実感に寄り添って語る新訳決定版。

678 日曜日に読む『荘子』　山田史生
日曜日、酒のお供にと取り出した『荘子』。雲をつかむような言葉に連れられ著者の独酌と思考は進んでいく。「わからなさ」の醍醐味に触れる中国思想談義。

856 下から目線で読む『孫子』　山田史生
支配者たちの座右の書とされてきた『孫子』。これを正反対の立場から読むと、また違った側面が見えてくる。類例のない、それでいて肩の凝らない古典エッセイ。

769 独学の精神　前田英樹
無教養な人間の山を生んだ教育制度。世にはびこる賢しらな教育論。そこに決定的に欠けた視座とは？　身ひとつで学び生きるという人間本来のあり方から説く学問論。

ちくま新書

750
公務員教師にダメ出しを！
戸田忠雄
教師に通信簿を！　教師改革こそが学校改革のカギである。生徒・保護者から必要とされる教師をふやすために、評価制度を軸とした実行可能な処方箋を提示する。

679
大学の教育力
――何を教え、学ぶか
金子元久
日本の大学が直面する課題を、歴史的かつグローバルな文脈のなかで捉えなおし、高等教育が確実な「教育力」をもつための方途を考える。大学関係者必読の一冊。

721
中高一貫校
日能研進学情報室
中学入試が定着したいま、小学校高学年の子どもをもつ親の意志がとても重要になっています。中学高校は多感な時期。預け先を間違えないための秘訣を伝授します。

742
公立学校の底力
志水宏吉
公立学校のよさとは何か。元気のある学校はどんな取り組みをしているのか。12の学校を取り上げた本書は、公立学校を支える人々へ送る熱きエールである。

758
進学格差
――深刻化する教育費負担
小林雅之
統計調査から明らかになった進学における格差。なぜ今まで社会問題とならなかったのか。諸外国の奨学金のあり方などを比較しながら、日本の教育費負担を問う。

828
教育改革のゆくえ
――国から地方へ
小川正人
二〇〇〇年以降、激動の理由は？　文教族・文科省・内閣のパワーバランスの変化を明らかにし、内閣主導の現在、教育が政治の食い物にされないための方策を考える。

862
ウェブで学ぶ
――オープンエデュケーションと知の革命
梅田望夫
飯吉透
ウェブ進化の最良の部分を生かしたオープンエデュケーション。アメリカ発で全世界に拡がる、そのムーブメントの核心をとらえ、教育の新たな可能性を提示する。

ちくま新書

085 日本人はなぜ無宗教なのか　阿満利麿

日本人には神仏とともに生きた長い伝統がある。それなのになぜ現代人は無宗教を標榜し、特定宗派を怖れるのだろうか？　あらためて宗教の意味を問いなおす。

222 人はなぜ宗教を必要とするのか　阿満利麿

宗教なんてインチキだ、騙されるのは弱い人間だからだ——そんな誤解にひとつずつこたえ、「無宗教」から「信仰」へと踏みだす道すじを、わかりやすく語る。

660 仏教と日本人　阿満利麿

日本の精神風土のもと、伝来した仏教はどのように変質し血肉化されたのか。日本人は仏教に出逢い何を学んだのか。文化の根底に流れる民族的心性を見定める試み。

425 キリスト教を問いなおす　土井健司

なぜキリスト教は十字軍などの戦争を行ったのか？　なぜ信仰に篤い人が不幸になったりするのか？　数々の難問に答え、キリスト教の本質に迫るラディカルな試み。

445 禅的生活　玄侑宗久

禅とは自由な精神だ！　禅語の数々を紹介しながら、言葉では届かない禅的思考の境地へ誘う。窮屈な日常に変化をもたらし、のびやかな自分に出会う禅入門の一冊。

864 歴史の中の『新約聖書』　加藤隆

『新約聖書』の複雑な性格を理解するには、その成立までの経緯を知る必要がある。一神教的伝統、イエスの意義、初期キリスト教の在り方までをおさえて読む入門書。

814 完全教祖マニュアル　架神恭介　辰巳一世

キリスト教、イスラム、仏教などの伝統宗教から現代日本の新興宗教まで古今東西の宗教を徹底的に分析。教義や組織の作り方、奇跡の起こし方などすべてがわかる！

116
日本人は「やさしい」のか
——日本精神史入門
竹内整一
「やさしい」とはどういうことなのか？　手垢のついた「やさし」を万葉集の時代から現代に至るまで再度検証しなおし、思想的に蘇らせようと試みる渾身の一冊。

377
人はなぜ「美しい」がわかるのか
橋本治
「美しい」とはどういう心の働きなのか？「合理性」や「カッコよさ」とはどう違うのか？　日本の古典や美術に造詣の深い、活字の鉄人による「美」をめぐる人生論。

432
「不自由」論
——「何でも自己決定」の限界
仲正昌樹
「人間は自由だ」という考えが暴走したとき、ナチズムやマイノリティ問題が生まれる——。逆説に満ちたこの問題を解きほぐし、21世紀のあるべき倫理を探究する。

469
公共哲学とは何か
山脇直司
滅私奉公の世に逆戻りすることなく私たちの社会に公共性を取り戻すことは可能か？　個人を活かしながら公共性を開花させる道筋を根源から問う知の実践への招待。

474
アナーキズム
——名著でたどる日本思想入門
浅羽通明
大杉栄、竹中労から松本零士、笠井潔まで十冊の名著をたどりながら、日本のアナーキズムの潮流を俯瞰する。常に若者を魅了したこの思想の現在的意味を考える。

509
「おろかもの」の正義論
小林和之
凡愚たる私たちが、価値観の対立する他者との間に築きあげるべき「約束事としての正義」とは？　現代が突きつける倫理問題を自ら考え抜く力を養うための必読書！

569
無思想の発見
養老孟司
日本人はなぜ無思想なのか。それはつまり、「ゼロ」のようなものではないか。「無思想の思想」を手がかりに、日本が抱える諸問題を論じ、閉塞した現代に風穴を開ける。

ちくま新書

656 フューチャリスト宣言　梅田望夫　茂木健一郎

インターネットは人類が言語を獲得して以来最大の地殻変動だ！　そして「持たざる者」にとって強力な武器となる！　未来志向の二人が、無限の可能性を語り倒す。

680 自由とは何か——監視社会と「個人」の消滅　大屋雄裕

快適で安心な監視社会で「自由」に行動しても、それはあらかじめ制約された「自由」でしかないかもしれない。「自由」という、古典的かつ重要な概念を問い直す。

689 自由に生きるとはどういうことか——戦後日本社会論　橋本努

戦後日本は自由を手に入れたが、現実には閉塞感が蔓延するばかりだ。この不自由社会を人はどう生き抜くべきか？　私たちの時代経験を素材に描く清新な「自由論」。

707 思考の補助線　茂木健一郎

自然科学の知見と私たちの切実な人生観・価値観との間に補助線を引くと、世界の見え方はどう変わるだろうか。この世の不思議をより深く問い続けるためのヒント。

716 衆生の倫理　石川忠司

われわれ現代人は、どうしてこんなにも道徳的に無能力なのか？　精神分析、ギリシア悲劇、幕末史、さらには禅にまで学びながら、ダメ人間のための倫理を探る。

720 いま、働くということ　大庭健

仕事をするのはお金のため？　それとも自己実現？　不安定就労が増す一方で、過重労働にあえぐ正社員たち。現実を踏まえながら、いま、「働く」ことの意味を問う。

819 社会思想史を学ぶ　山脇直司

社会思想史とは、現代を知り未来を見通すための、過去の思想との対話である。近代啓蒙主義からポストモダニズムまで、その核心と限界が丸ごとわかる入門書決定版。

ちくま新書

666 高校生のための哲学入門　長谷川宏
どんなふうにして私たちの社会はここまできたのか。「知」の在り処はどこか。ヘーゲルの翻訳で知られる著者が、自身の思考の軌跡を踏まえて書き下ろす待望の書。

482 哲学マップ　貫成人
難解かつ広大な「哲学」の世界に踏み込むにはどうしても地図が必要だ。各思想のエッセンスと思想間のつながりを押さえて古今東西の思索を鮮やかに一望する。

190 プラトン入門　竹田青嗣
プラトンは、ポストモダンが非難するような絶対的真理を掲げた人ではない。むしろ人々の共通了解の可能性を求めた〈普遍性〉の哲学者だった！　目から鱗の一冊。

301 アリストテレス入門　山口義久
論理学の基礎を築き、総合的知の枠組をつくりあげた古代ギリシア哲学の巨人。その思考の方法と核心に迫り、知の探究の軌跡をたどるアリストテレス再発見！

008 ニーチェ入門　竹田青嗣
新たな価値をつかみなおすために、今こそ読まれるべき思想家ニーチェ。現代の我々をも震撼させる哲人の核心に大胆果敢に迫り、明快に説く刺激的な入門書。

238 メルロ＝ポンティ入門　船木亨
フッサールとハイデガーの思想を引き継ぎながら〈身体〉を発見し、言語、歴史、芸術へとその〈意味〉の構造を掘り下げたメルロ＝ポンティの思想の核心に迫る。

564 よく生きる　岩田靖夫
「よく生きる」という理想は、時代や地域、民族、文化、そして宗教の違いを超えて、人々に迫る。東西の哲学や宗教をめぐり、考え、今日の課題に応答する。

ちくま新書

340 現場主義の知的生産法 関満博
現場には常に「発見」がある！　現場ひとすじ三〇年、国内外の六〇〇〇工場を踏査した〝歩く経済学者〟が、現場調査の要諦と、そのまとめ方を初めて明かす。

396 組織戦略の考え方 ——企業経営の健全性のために 沼上幹
組織を腐らせてしまわぬため、主体的に思考し実践しよう！　組織設計の基本から腐敗への対処法まで「これウチの会社！」と誰もが嘆くケース満載の組織戦略入門。

619 経営戦略を問いなおす 三品和広
戦略と戦術を混同する企業が少なくない。見せかけの「戦略」は企業を危うくする。現実のデータと事例を数多く紹介し、腹の底からわかる「実践的戦略」を伝授する。

629 プロフェッショナル原論 波頭亮
複雑化するビジネス分野でプロフェッショナルの重要性は増す一方だが、倫理観を欠いた者も現れてきている。今こそその〝あるべき姿〟のとらえなおしが必要だ！

820 仕事耳を鍛える ——「ビジネス傾聴」入門 内田和俊
職場やビジネスが活性化するかどうかは、普段の「聴き方」に鍵がある。私たちの自己認識を高め、肯定的な結果へとつながる方法をプロコーチが伝授する！

842 組織力 ——宿す、紡ぐ、磨く、繋ぐ 高橋伸夫
経営の難局を打開するためには、〈組織力〉を宿し、紡ぎ、磨き、繋ぐことが必要だ。新入社員から役員まで、組織人なら知っておいて損はない組織論の世界。

851 競争の作法 ——いかに働き、投資するか 齊藤誠
なぜ経済成長が幸福に結びつかないのか？　標準的な経済学の考え方にもとづき、確かな手触りのある幸福を築く道筋を考える。まったく新しい「市場主義宣言」の書。

ちくま新書

877
現代語訳 論語
齋藤孝訳
学び続けることの中に人生がある。——二千五百年間、読み継がれ、多くの人々の「精神の基準」となった古典中の古典を、生き生きとした訳で現代日本人に届ける。

766
現代語訳 学問のすすめ
福澤諭吉
齋藤孝訳
諭吉がすすめる「学問」とは？ 世のために動くことで自分自身も充実する生き方を示し、激動の明治時代を導いた大ベストセラーから、今すべきことが見えてくる。

827
現代語訳 論語と算盤
渋沢栄一
守屋淳訳
資本主義の本質を見抜き、日本実業界の礎となった渋沢栄一。経営・労働・人材育成など、利潤と道徳を調和させる経営哲学には、今なすべき指針がつまっている。

861
現代語訳 武士道
新渡戸稲造
山本博文訳／解説
日本人の精神の根底をなした武士道。その思想的な源泉はどこにあり、いかにして普遍性を獲得しえたのか？ 世界的反響をよんだ名著が、清新な訳と解説でいま甦る。

304
「できる人」はどこがちがうのか
齋藤孝
「できる人」は上達の秘訣を持っている。それはどうすれば身につけられるか。さまざまな領域の達人たちの〈技〉を探り、二一世紀を生き抜く〈三つの力〉を提案する。

733
代表的日本人
齋藤孝
人作りの伝統は再生できるか？ 嘉納治五郎の武道力・与謝野晶子の女性力・佐藤紅緑の少年力・斎藤親子の翻訳力・岡田虎二郎の静坐力の五つの力に手がかりを探る。

723
私塾のすすめ
——ここから創造が生まれる
齋藤孝
梅田望夫
レールのない時代をサバイバルするには一生学び続ける必要がある。幕末維新期の私塾を手がかりに、ネットを現代の私塾と位置づけ、新しい学びの可能性を提示する。